Lektürehilfen

Heinrich von Kleist

Prinz Friedrich von Homburg

von Karl-Heinz Hahnengreß

Klett Lerntraining

Dr. Karl-Heinz Hahnengreß, Gymnasiallehrer für Deutsch und Philosophie, mehrjähriger wissenschaftlicher Mitarbeiter für Pädagogik und Lehrbeauftragter für Literaturdidaktik an der Universität Köln.

Die Versangaben zum Dramentext beziehen sich auf die Ausgabe: Heinrich von Kleist, *Prinz Friedrich von Homburg*, mit Materialien, ausgewählt von Claus Schlegel, Stuttgart/Leipzig: Ernst Klett Verlag, 2009.

9 783129 230565

Bibliografische Information der Deutschen Bibliothek
Die Deutsche Bibliothek verzeichnet diese Publikation in der Deutschen Nationalbibliografie; detaillierte bibliografische Daten sind im Internet über http://dnb.ddb.de abrufbar

Auflage 8. 7. 6. 5. | 2016 2015 2014 2013
Die letzten Zahlen bezeichnen jeweils die Auflage und das Jahr des Druckes.

Umschlagfoto: BPK, Berlin
Satz: DOPPELPUNKT, Stuttgart
Druck: Beltz Druckpartner GmbH & Co. KG, Hemsbach
Printed in Germany
ISBN: 978-3-12-923056-5

Inhalt

Die Handlung

Erster Akt

Schauplatz der Szenen I,1–4 ist der Garten des Schlosses zu Fehrbellin, ein Garten im „altfranzösischen Stil", wie es in der Regieanweisung heißt, eine Gartenanlage also, die die Natur in ein System geometrischer Formen und Arrangements von erlesener Künstlichkeit zwingt. Der Garten wird im Hintergrund begrenzt von einer Rampe, die zum Schloss hinaufführt.

Schauplatz: Schlossgarten zu Fehrbellin

I,1 Die Handlung beginnt mit einem szenischen Arrangement von suggestiver Bildkraft. Es ist Nacht, die Szene wird nur von der Rampe her durch die Fackeln der Pagen beleuchtet. Unten, im Bühnenvordergrund, sitzt der Prinz von Homburg „mit bloßem Haupt und offner Brust" unter einer Eiche und windet sich einen Kranz aus Zweigen. Nicht nur widerspricht seine äußere Erscheinung der höfischen ‚Kleiderordnung', auch sein stummes Spiel des Kranzwindens wirkt als Handlung eines militärischen Befehlshabers äußerst befremdlich. Der Prinz befindet sich offensichtlich in dem psychischen Ausnahmezustand des Somnambulen, eines Menschen, der, obschon im Zustand eines Schlafenden, zum Kontakt mit seiner Umgebung und zu körperlichen Handlungen imstande ist. Die Hofgesellschaft – der Kurfürst, seine Gemahlin, deren Nichte Prinzessin Natalie, Graf Hohenzollern und Rittmeister Golz – beobachtet, von Hohenzollern herbeigerufen, von der Brüstung der Rampe her verwundert das Verhalten des Prinzen.

Schlafwandelnder Prinz und Hofgesellschaft

Die einleitenden Verse Hohenzollerns verdeutlichen die Ausgangssituation der szenischen Handlung: Brandenburg befindet sich derzeit im Krieg mit dem schwedischen Invasionsheer des Generals Wrangel. Der Prinz von Homburg hat als Führer der Reiterei drei Tage im

Brandenburg im Krieg mit Schweden

Kampf gestanden und soll noch in der Nacht zu erneutem Kampf aufbrechen. Nachdem der Prinz seine Regimenter instruiert habe, habe er, so Hohenzollern, erschöpft einige Stunden Schlaf gesucht. Beim Aufbruch der Truppe sei der Prinz vermisst worden, und man habe ihn schlafwandelnd im Schlossgarten gefunden (V. 24 ff.).

Der Kurfürst ist über dieses Vorkommnis äußerst erstaunt. Die Kurfürstin und Prinzessin Natalie glauben, dass der Prinz krank sei, und wollen ihm ärztliche Hilfe zukommen lassen. Hohenzollern jedoch, der anscheinend mit dem Prinzen befreundet ist, sind dessen somnambulen Zustände bekannt, er hält sie für eine bloße „Unart seines Geistes" (V. 39).

Der Prinz windet einen Lorbeerkranz

Neugierig steigt die Hofgesellschaft unter Führung des Kurfürsten in den Garten hinab, um den merkwürdigen Auftritt des Prinzen näher zu betrachten. Verwundert stellt man fest, dass es ein Lorbeerkranz ist, den der Prinz in Händen hält. Hohenzollern kommentiert das selbstvergessene Tun des Prinzen mit leisem Spott:

> „Schade, ewig schade,
> Dass hier kein Spiegel in der Nähe ist!
> Er würd ihm eitel, wie ein Mädchen nahn,
> Und sich den Kranz bald so, und wieder so,
> Wie eine florne Haube aufprobieren."
>
> (V. 59–63)

Der Kurfürst treibt nun ein bedeutungsvolles Spiel mit dem Träumenden. Er nimmt den Lorbeerkranz aus der Hand des Prinzen, schlingt seine goldene Halskette darum und übergibt Kranz und Kette seiner Nichte, Prinzessin Natalie. Der Prinz errötet, erhebt sich und geht mit ausgestreckten Armen auf Natalie zu, dabei flüsternd: „Natalie! Mein Mädchen! Meine Braut!" (V. 65), wenig später den Kurfürsten als „Vater" und die Kurfürstin als „Mutter" ansprechend. In diesem fast wortlosen Spiel werden die geheimsten Wünsche des Prinzen offenbar; er erträumt sich nicht nur Ruhm in der Schlacht, sondern auch die Liebe Natalies und damit die Zugehörig-

Träume von Ruhm und Liebe

keit zur kurfürstlichen Familie. Der Kurfürst jedoch und Natalie weichen vor dem „Rasenden" (V. 69) zurück, der gerade noch einen Handschuh der Prinzessin erhaschen kann, bevor sich die ganze Hofgesellschaft auf die Rampe zurückgezogen hat. Bevor die Tür vor dem Prinzen zufällt, schleudert ihm der Kurfürst herrisch entgegen:

Versagung der Erfüllung im Spiel

> „Ins Nichts mit dir zurück, Herr Prinz von Homburg,
> Ins Nichts, ins Nichts! In dem Gefild der Schlacht,
> Sehn wir, wenns dir gefällig ist, uns wieder!
> Im Traum erringt man solche Dinge nicht!"
>
> (V. 74–77)

I,2 Wortlos verharrt der Prinz vor der geschlossenen Tür, steigt dann selbstvergessen, den erhaschten Handschuh vor die Stirn haltend, in den Garten zurück, kehrt dann wieder um, schaut zu der Türe hoch. Der zweite Auftritt besteht nur aus wortlosen Bewegungen und Gesten des Prinzen, die seine Betroffenheit, aber auch seine Ratlosigkeit über den Wirklichkeitsgehalt des soeben Erlebten verraten.

I,3 Hohenzollern tritt durch eine seitliche Gittertüre zu seinem Freund in den Garten und wird von einem Pagen des Kurfürsten instruiert, dem Prinzen nichts von dem „Scherz" zu entdecken, den der Kurfürst sich soeben erlaubt habe.

I,4 Hohenzollern ruft den Prinzen mit seinem vertrauten Namen „Arthur" an, woraufhin dieser umfällt und bald darauf aus seinem seltsamen Traumzustand erwacht. Dem langsam zu sich kommenden Prinzen wird erst allmählich klar, dass er sich nicht in seiner Stube aufhält, wo er sich zum Schlafen hingelegt hatte. Vor Hohenzollern, der den „sinnverwirrten Träumer" mit leisem Spott darüber belehrt, dass er sich im Schlossgarten befindet, versucht er, erschrocken über sich selbst, sein Nachtwandeln zu verbergen. Die Hitze habe ihn aus seiner Kammer in den Garten getrieben. Dass sein Regiment bereits ohne ihn aufgebrochen ist, beunruhigt ihn

Erwachen des Prinzen

nicht, da er ohnehin um zwei Uhr zum Befehlsempfang hätte zurückkommen müssen. Besorgt ist er nur darüber, dass der Kurfürst von seinen sonderbaren nächtlichen Eskapaden erfahren haben könnte. Hohenzollern versichert ihn jedoch, dass dieser längst zu Bett gegangen sei.

Das Geschehen als Traum

Versonnen hebt er Natalies Handschuh auf, den er zuvor unachtsam auf den Boden geworfen hatte. Langsam, nach und nach, erinnert er sich an das Geschehene wie an einen „sonderbare[n] Traum“. Dieser ‚Traum‘ nun, den der Prinz, vor innerer Erregung immer wieder stockend, dem Freund erzählt, enthält gegenüber der ‚Wirklichkeit‘, dem zuvor stattgefundenen Spiel der Hofgesellschaft mit dem somnambulen Prinzen, bedeutsame Veränderungen, ist lückenhaft und unvollständig.

Überhöhung des Geschehens

Die ‚Traumerzählung‘ des Prinzen überhöht das Geschehene in den Bereich des Überirdisch-Göttlichen. Der Kurfürst erscheint „mit der Stirn des Zeus“ (V. 158), Prinzessin Natalie als „Genius des Ruhms“ (V. 172), die Überreichung des Lorbeerkranzes wird zur Krönung eines Helden. Diese Übersteigerungen verraten die geradezu ekstatischen Gefühle des Glücks, die der Träumende empfunden hat.

Natalies Name ist dem Prinzen entfallen

Der Prinz erinnert sich jedoch nicht daran, dass er selbst es war, der sich den Kranz gewunden hatte. Er vermag sich auch nicht an den Namen derjenigen Dame zu erinnern, die ihn mit dem Lorbeerkranz hat krönen wollen, obschon er doch versichert, „[e]in Stummgeborner würd sie nennen können“ (V. 147). Hohenzollern treibt seinen Spott mit dem Ratlosen, indem er alle Hofdamen aufzählt und den Prinzen fragt, ob diese oder jene vielleicht die schöne Namenlose gewesen sein könnte, wobei er aber den Namen Natalie wohlweislich nicht erwähnt. Schließlich entscheidet sich der Prinz, um diesem Treiben ein Ende zu setzen, für eine Dame namens Platen (V. 168), obschon er weiß, dass diese es nicht gewesen sein kann. Der Prinz ist ganz von dem Gefühl des Glücks durchdrungen, dass sie, der Gegenstand seiner glühenden Liebe, im ‚Traume‘ auf ihn zugekommen ist; ihm fehlen die Worte, als er Hohenzollern dieses Ereignis schildert; nichts zu sagen bleibt ihm als die zweimalige innige Anrede an seinen Freund „O Lieber".

Sprach der schlafwandelnde Prinz die geheimsten Wünsche seiner Seele, Prinzessin Natalie seine Braut nennen zu dürfen und damit der kurfürstlichen Familie verwandtschaftlich verbunden zu sein, offen aus, bleiben dem wachen Prinzen diese Wünsche verborgen, so, als sperre sich sein Unterbewusstsein gegen das Wissen seines Gefühls. Als der Prinz berichtet, wie er der „süßen Traumgestalt" einen Handschuh vom Arm gestreift habe, beginnen sich für ihn Traum und Wirklichkeit miteinander zu vermischen, da er, erwachend, den Handschuh wirklich in Händen hält. Hohenzollern, der ja um den wahren Sachverhalt weiß, gibt vor zu glauben, der Prinz habe wohl im Garten ein Schäferstündchen verbracht; dann drängt er den Prinzen zum Aufbruch. Der Prinz sinnt immer noch seinen ‚Traumerlebnissen' nach und erkundigt sich plötzlich nach der Ankunft der Prinzessin Natalie, da er dreißig Reiter zu deren Schutz abstellen müsse. Der zurückgelassene Handschuh beginnt schon seine Wirkung zu entfalten: Je mehr die Sphäre des Traums in die Sphäre der Wirklichkeit übergreift, desto klarer wird der erwachte Prinz die ihm noch verborgenen Traumgestalten seines Gefühls in der Wirklichkeit wiedererkennen.

Unbewusste Wünsche

Überlagerung von Traum und Wirklichkeit

I,5 In einem Saal des Schlosses zu Fehrbellin haben sich der Kurfürst und die Führer der Armee, der Feldmarschall Dörfling, Graf Truchß, Obrist Hennings, Rittmeister von der Golz, Hohenzollern und der Prinz von Homburg, der Natalies Handschuh in seine Reitjacke gesteckt hat, versammelt. Anwesend sind aber auch die Kurfürstin, Prinzessin Natalie und ihre Hofdamen, die sich zur Seite niederlassen, um zu frühstücken; sie sollen nach dem Willen des Kurfürsten das unweit des mutmaßlichen Kampfgebiets gelegene Fehrbellin – in der Ferne ist schon Kanonendonner zu vernehmen – verlassen und unter Begleitung auf ein Schloss jenseits der Havel in

Doppelszene: Generalstab / Damen des Hofes

Sicherheit gebracht werden. Der Kurfürst befiehlt Feldmarschall Dörfling, den anwesenden hohen Offizieren den Plan für die bevorstehende Schlacht zu diktieren, und wendet sich darauf den zur Abreise bereiten Damen zu.

Aufbruch der Damen und Befehlsausgabe

Den beiden Personengruppen entsprechend verbindet die Szene im Folgenden zwei parallel verlaufende Vorgänge: Frühstück und Aufbruch der Damen und Befehlsausgabe an die Offiziere. Der Kurfürst gibt sich den Damen gegenüber siegesgewiss und sucht der Beklommenheit Natalies angesichts der bevorstehenden Schlacht mit Zuversicht zu begegnen. Feldmarschall Dörfling erläutert den Offizieren zunächst die strategische Grundidee der bevorstehenden Schlacht: Die Schweden sollen durch die Operationen der brandenburgischen Armee von ihrem Brückenkopf am Rhyn-Fluss abgeschnitten werden, um ihre Rückendeckung zerstören und ihre Hauptarmee dadurch aufreiben zu können. Der Feldmarschall diktiert sodann jedem einzelnen Offizier die speziell seine Truppenteile betreffenden Befehle.

Schlachtentwurf und Einsatzbefehle

Gerade als den Damen die Vorfahrt ihres Wagens gemeldet wird und sie sich zum Aufbruch anschicken, wird der Prinz vom Feldmarschall aufgerufen, um seine Order zu erhalten (V. 294). Der Prinz hat die ganze Zeit wie gebannt zu den Damen hinübergeschaut und gar nicht auf die Befehlsausgabe geachtet. Erst nach einer heimlichen Aufforderung durch Hohenzollern reagiert er auf die Anrede Dörflings, den Befehl des Kurfürsten, der ihm die Reiterei anvertraut, zu notieren. Seine ganze Aufmerksamkeit wird aber sofort wieder von den Damen in Anspruch genommen, da Prinzessin Natalie beim Aufbruch ihren Handschuh vermisst, was eine geschäftige Suche danach auslöst. Während der Feldmarschall weiter diktiert, nimmt der Prinz den im Garten erhaschten Handschuh aus der Jacke, betrachtet ihn und schaut dann wieder zu Natalie hinüber. Das Rätsel um die Identität der schönen Unbekannten seines ‚Traums' scheint jetzt einer unverhofften Lösung nahe zu sein; und um die Wahrheit seiner Vermutung auf die Probe zu stellen,

Unaufmerksamkeit des Prinzen

Natalies verlorener Handschuh

Natalie ist die Namenlose aus dem Traum des Prinzen

lässt er ‚seinen' Handschuh zu Boden fallen. Seine Unaufmerksamkeit löst bei Dörfling Befremden aus, und der Prinz beeilt sich, die eben erteilte Anordnung wie ein Schuljunge bei Rittmeister von der Golz abzuschreiben, ohne eigentlich noch zu wissen, was er da schreibt. Gerade als die Damen den Saal verlassen wollen, entdeckt der sie begleitende Kurfürst den Handschuh. Die Prinzessin identifiziert ihn als den ihrigen, der Prinz hebt ihn auf und die Damen verlassen den Saal.

Auf diese Weise von der Unterrichtung über den Schlachtplan abgelenkt, überhört der Prinz verhängnisvollerweise den entscheidenden Teil der Order, dass er nämlich während der Schlacht erst auf ausdrücklichen Befehl des Kurfürsten „Fanfare blasen", d. h. mit seiner Reiterei zum Angriff übergehen darf.

Der Prinz überhört den entscheidenden Befehl

Nach der Befehlsausgabe kommt der Kurfürst noch einmal zurück. Er ermahnt den Prinzen eindringlich, ihn nicht erneut, wie bereits zweimal unlängst am Rhein geschehen, wegen seiner Unbesonnenheit um den Sieg in der Schlacht zu bringen. Dann befiehlt er den sofortigen Aufbruch zum Schlachtfeld.

Ermahnung des Prinzen

I,6 In einem kurzen Monolog beschwört der Prinz das Glück, das ihm in Gestalt von Natalies Handschuh schon ein Pfand herabgeworfen habe. In der Schlacht will er das Glück mit allen ihm zu Gebote stehenden Kräften erringen.

Zweiter Akt

II,1 Der zweite Akt schildert die Ereignisse der Schlacht von Fehrbellin, jener siegreichen Schlacht gegen die Schweden am 28. Juni 1675, die in der Reihe vaterländisch-ruhmreicher Ereignisse brandenburgisch-preußischer Geschichte einen hervorragenden Platz einnimmt. Die ersten beiden Szenen spielen auf dem Schlachtfeld selbst, genauer: auf dem linken Flügel der brandenburgischen Armee. Noch hinter der Szene hört man die Be-

Schlacht von Fehrbellin

Aufstellung der Reiterei

fehle des Obristen Kottwitz, die Reiterei absitzen und in Stellung gehen zu lassen; er selber, der alte ‚Haudegen', kann nur noch mit Hilfe seiner Soldaten vom Pferd steigen, behauptet aber, sich im Sattel trotz seiner Jahre noch jugendlich zu fühlen. Mit Hohenzollern und von der Golz die Szene betretend, erkundigt er sich nach dem Verbleib des Prinzen und erfährt, dass dieser in ein nahe gelegenes Dorf geritten ist. In der Nacht sei der Prinz vom Pferd gefallen, ihm sei jedoch nichts geschehen. Kottwitz betritt einen Hügel, und einen Augenblick lang ist die Seele des alten Soldaten von der Schönheit der Natur an diesem Frühsommertag überwältigt (V. 384–389). Den Feldmarschall Dörfling hat Kottwitz, entgegen der Weisung des Kurfürsten, nicht mehr erreichen können.

Kottwitz' Naturliebe

II,2 Der Prinz betritt die Szene mit einem schwarzen Band um die linke Hand. Kottwitz meldet ihm, dass die Reiterei befehlsgemäß aufgestellt sei. Der Prinz berichtet, er habe sich in der Kapelle des Dorfes, angeregt von dem Klang der Glocken, betend vor den Altar hingeworfen. Verlegen wegen seiner ‚Zerstreutheit' bei der Befehlsausgabe, fragt er Hohenzollern nach der ihm von Dörfling zugeteilten Order. Aber auch jetzt wieder, als Hohenzollern ihm mitteilt, er dürfe erst auf ausdrücklichen Befehl zum Angriff übergehen, träumt er wieder vor sich hin und hört seinem Freund kaum zu.

Verträumtheit des Prinzen

Ein Kanonenschuss kündigt den Beginn der Schlacht an. Die Offiziere besteigen einen Hügel, um den Gang der Schlacht zu verfolgen. Die Regimenter von Hennings und Truchß gehen bald zum Angriff auf die schwedische Armee über, wenig später geht das nahe gelegene Dorf in Flammen auf. Der Prinz ist infolge seiner Unaufmerksamkeit desorientiert über die Schlachtaufstellung der am Kampf beteiligten Truppeneinheiten. Als die brandenburgischen Truppen die schwedischen Schanzen stürmen und die Offiziere auf dem Hügel in Triumphgeschrei ausbrechen, befiehlt er die sofortige Attacke seiner Reiterei aus Angst, dass ihm sein Anteil an Sieg und

Desorientiertheit des Prinzen

Voreilige Attacke

Ruhm entgehen könnte. Kottwitz erinnert ihn noch einmal an die Order, nicht ohne Befehl von der Stelle zu rücken. Als der Prinz daraufhin bezweifelt, ob Kottwitz je die Order von seinem Herzen empfangen habe, fühlt sich der alte Soldat in seiner Kriegerehre gekränkt und will sich sofort in die Schlacht stürzen.
Vergeblich versuchen die anderen Offiziere, den Prinzen und Kottwitz zurückzuhalten. Als ein junger Offizier gar den ungehorsamen Prinzen entwaffnen lassen will, geht Homburg wutentbrannt auf ihn los, entreißt ihm das Schwert und lässt ihn als Gefangenen ins Hauptquartier führen. Dann wendet er sich seinen Offizieren zu:

Insubordination eines Offiziers

> „Und jetzt ist die Parol, ihr Herrn: ein Schurke,
> Wer seinem General zur Schlacht nicht folgt!"
> (V. 492 f.)

Da der Prinz ausdrücklich sein eigenmächtiges Verhalten „auf seine Kappe" nimmt, folgen alle anderen ihm bereitwillig in die Schlacht.

II,3 Schauplatz ist nun ein Zimmer in einem nahe gelegenen Dorf. Ein Hofkavalier kündigt den dort wohnenden Bauersleuten die Ankunft der Kurfürstin an. Die Achse ihres Reisewagens sei gebrochen, und da man mittlerweile die Nachricht vom Sieg über die Schweden erhalten habe, wolle man die Reise nicht fortsetzen.

II,4 Die Kurfürstin und Prinzessin Natalie werden hereingeführt. Die Kurfürstin ist bleich und einer Ohnmacht nahe, da sie offenbar soeben die Nachricht vom Tod des Kurfürsten erhalten hat.

Die Kurfürstin glaubt, dass ihr Mann gefallen sei

II,5 Der verwundete Rittmeister von Mörner tritt auch sogleich vor die Kurfürstin mit den Worten „Der Kurfürst ist nicht mehr!" (V. 518) Der Prinz von Homburg sei, so Mörner, mit seiner Reiterei gegen die Schweden vorgerückt, habe bereits zwei Linien durchbrochen gehabt, als ihm ‚mörderischer Eisenregen' entgegenge-

Mörners Bericht

schlagen sei. Mörners Bericht nimmt verklärende Züge an, als er den Anblick des Kurfürsten schildert:

> „Auf einem Schimmel herrlich saß er da,
> Im Sonnenstrahl, die Bahn des Siegs erleuchtend."
> (V. 540 f.)

Die Soldaten hätten sich Sorgen um das Leben ihres Herrschers gemacht, und wirklich sei der Kurfürst wenig später vor ihren Augen in den Staub gesunken. Der Prinz von Homburg sei bei diesem Anblick so von Schmerz ergriffen worden, dass er die Soldaten zu leidenschaftlichem und schließlich siegreichem Angriff auf den Feind getrieben habe. Von Schmerz überwältigt, sinkt die Kurfürstin vor der weinenden Natalie in Ohnmacht.

Werbung in trauriger Stunde

Der Prinz als Beschützer

II,6 In diesem Augenblick kommt der Prinz ins Zimmer, geht zu Natalie und legt in einer Geste der Rührung und des Vertrauens Natalies Hand an sein Herz. Er bestätigt den Tod des Kurfürsten, gibt aber zu, dass der Leichnam noch nicht gefunden sei. Zwar ist es ein für das Vaterland und die Prinzessin gleichermaßen trauriger Anlass, der Natalie und Homburg in dieser vertraulichen Situation zusammengeführt hat; trotzdem hat der Prinz keinen Zweifel, dass die Göttin des Glücks ihm eine Gelegenheit geschaffen hat, die er zu ergreifen weiß. Als die Prinzessin verzweifelt danach fragt, wer nun nach dem Tod des Kurfürsten „uns beschirmen" werde „vor dieser Welt von Feinden", ist der Prinz sofort bereit, diese Rolle eines obersten Beschützers des Vaterlandes zu übernehmen. Und als die Prinzessin sich Sorgen um ihr persönliches Schicksal macht – sie ist, früh verwaist und ohne Besitz, bei ihrem Onkel aufgewachsen –, da legt er den Arm um sie mit den Worten:

> „O meine Freundin! Wäre diese Stunde
> Der Trauer nicht geweiht, so wollt ich sagen:
> Schlingt Eure Zweige hier um diese Brust,
> Um sie, die schon seit Jahren, einsam blühend,
> Nach Eurer Glocken holden Duft sich sehnt!"
> (V. 600–604)

So wie Homburg seine Liebeserklärung unter den Vorbehalt stellt, dass er sie eigentlich zu dieser Stunde nicht äußern dürfe, es aber gerade dadurch tut, so ist auch Natalies Einverständnis in eine Frage gekleidet und von widersprüchlichen Gesten begleitet: Sie lehnt sich schutzsuchend an seine Brust, schickt ihn dann weg, erwidert seinen Kuss, reißt sich dann aber von ihm los. Homburg nimmt ihr Verhalten als Zustimmung; jetzt erst, da er sich den Kurfürsten als Vater vorstellt, der der Verbindung mit Natalie seinen Segen erteilen würde, trauert er um seinen Souverän.

Natalies Einverständnis

II,7 Die Geschehnisse nehmen jetzt eine unvermutete Wendung; ein Wachtmeister meldet den Grafen Sparren, der gesehen haben will, dass der Kurfürst lebt.

Kurfürst lebt?

II,8 Graf Sparren versichert dem Prinzen und den beiden um ihre Fassung ringenden Damen, er habe den Kurfürsten beim Truchß'schen Korps in Hackelwitz gesehen. Dort habe dieser den Befehl erteilt, die Gefallenen beider Heere zu begraben. Während die Hofdamen sich in überschwänglicher Freude umarmen und Natalie zu ihrer Tante hinübertritt, bleibt der Prinz skeptisch, scheint sich auch nicht recht freuen zu können. „Dein Wort fällt schwer wie Gold in meine Brust!“, sagt er zu Sparren (V. 638).

Sparren: Der Kurfürst lebt

Sparren schildert die tatsächlichen Ereignisse: Der Kurfürst habe in der Schlacht den strahlendweißen Schimmel geritten, den der Stallmeister Froben erst jüngst in England erworben habe, und habe dadurch das Feuer des Gegners auf sich gezogen. Froben habe sich Sorgen um das Leben seines Herrn gemacht und unter dem Vorwand, er müsse den Schimmel noch besser zureiten, den Kurfürsten dazu bewogen, das Pferd mit ihm zu tauschen. Als er kaum den Schimmel bestiegen habe, sei er von einem feindlichen ‚Mordblei‘ getroffen worden und „ein Opfer seiner Treue“ (V. 676) geworden. Die anwesende Gesellschaft ist von solch patriotischem Opfermut zu Tränen gerührt. Man erfährt noch, dass ein Waffen-

Frobens Opfertod

Waffenstillstand

stillstand geschlossen worden sei, Friedensverhandlungen bevorstünden und der Kurfürst sich schon nach Berlin begeben habe. Homburg will sofort nach Berlin eilen; zuvor jedoch möchte er eine Bitte an die Kurfürstin richten. Er glaubt, die Kurfürstin würde den Gegenstand seiner Bitte, das Einverständnis zu einem Verlöbnis mit Natalie, erraten, legt er doch wiederum seinen Arm sanft um Natalie. Die Kurfürstin gibt auch ihre Zustimmung, da sie an diesem Glückstag niemandem eine Bitte abschlagen möchte, am allerwenigsten dem Sieger in der Schlacht; es bleibt aber fraglich, ob ihr wirklich voll bewusst ist, welcher Bitte sie soeben entsprochen hat. Jedenfalls will sie auf der Fahrt nach Berlin genauer unterrichtet werden.

Erfüllung einer unbekannten Bitte

Staatsakt in Berlin

II,9 Die letzten beiden Szenen des zweiten Aktes spielen in Berlin, im Lustgarten vor dem alten Schloss; im Hintergrund ist die hell erleuchtete Schlosskirche zu sehen. Die Leiche des gefallenen Stallmeisters Froben wird in die Kirche getragen und auf einem Katafalk niedergesetzt. In der Kirche und auf dem Vorplatz hat sich das Volk versammelt. Der Kurfürst und sein Generalstab sind eingetroffen. Der Kurfürst ist wütend über das eigenmächtige Eingreifen der Reiterei und erklärt, dass ihr Befehlshaber des Todes schuldig sei und vor ein Kriegsgericht gestellt werden solle. Nach einer kurzen Besinnung lässt er sich von Graf Truchß versichern, dass der Prinz von Homburg die Truppe nicht geführt habe. Der Kurfürst freut sich über den glänzenden Sieg, bekräftigt aber seine Drohung gegen den Führer der Reiterei.

Todesurteil über den Führer der Reiterei

II,10 Der Prinz von Homburg kommt mit seinen Offizieren hinzu und legt seinem Souverän drei erbeutete schwedische Kriegsfahnen zu Füßen. Der Kurfürst ist über das Erscheinen des Prinzen betroffen und erkundigt sich nach dessen angeblicher Verwundung. Auf die entscheidende Frage des Kurfürsten, ob er die Reiterei geführt habe, antwortet der Prinz mit dem Stolz des siegreichen Kriegshelden:

„Ich? Allerdings! Musst du von mir dies hören?
– Hier legt ich den Beweis zu Füßen dir.“
(V. 748 f.)

Darauf befiehlt der Kurfürst lakonisch seine Gefangennahme und mustert die erbeuteten Kriegsfahnen. Der Prinz ist völlig fassungslos und findet keine Worte. Kottwitz unternimmt einen Versuch, zugunsten Homburgs zu intervenieren; der Kurfürst jedoch wendet sich von ihm ab, befiehlt, die erbeuteten Fahnen in die Kirche zu bringen, und beschäftigt sich dann mit der Durchsicht eingelaufener Depeschen. Erst als ein Offizier den Prinzen um seinen Degen bittet, findet der so jäh aus seinen Träumen von kriegerischem Ruhm Gerissene wieder Worte. Seine Gefangennahme scheint ihm schier unbegreiflich; er verlangt die Gründe für seine Verhaftung zu erfahren und ist doch zu sehr vor sich selbst ganz siegreicher Feldherr, als dass er irgendeinen Grund anerkennen könnte. Hohenzollern und Golz versuchen, den Aufgebrachten zu beruhigen und eine Konfrontation mit dem Kurfürsten zu verhindern. Homburg jedoch wirft dem Kurfürsten vor, er wolle wie der Konsul Lucius Junius Brutus, der seine eigenen Söhne als Staatsverräter zum Tod verurteilt hat, ihn, den Sieger in der Schlacht, nach den märkischen Kriegsartikeln aburteilen, was zwar der starren Antike, aber keinem deutschen Herzen von altem Schrot und Korn angemessen sei. Der Kurfürst lässt die Provokation unbeantwortet und befiehlt, den Prinzen ins Hauptquartier nach Fehrbellin zu bringen. Darauf begibt er sich in die Kirche und kniet am Sarg Frobens nieder, während die erbeuteten Fahnen an den Pfeilern der Kirche aufgehängt werden.

Gefangennahme des Prinzen

Reaktion des Prinzen: Sprachlosigkeit

Schmähung des Kurfürsten

Dritter Akt

III,1 Hohenzollern besucht im Gefängnis von Fehrbellin den von zwei Reitersoldaten bewachten Gefangenen. Die Unterredung der beiden Freunde beginnt mit einem Missverständnis: Homburg glaubt, Hohenzollern sei ge-

Gefängnis in Fehrbellin

kommen, um ihm die Aufhebung des Arrests anzukündigen. Hohenzollern deutet die Frage des Prinzen „Nun, des Arrestes bin ich wieder los?“ als Mitteilung über dessen soeben erfolgte Begnadigung, was ihn erstaunt, da er, wie wir später erfahren, um den Ausgang des Kriegsgerichtsprozesses und die Haltung des Kurfürsten dazu weiß. Doch auch als sich dieses Missverständnis aufgeklärt hat, verliert der Prinz nicht seine Gewissheit, bald begnadigt zu werden. Als sei der Prozess nicht der Rede wert, erkundigt sich der Prinz nach den neuesten Ereignissen in Berlin. Der zerstreut wirkende Hohenzollern berichtet nach einigem Zögern vom Siegesfest, das in Berlin gefeiert wurde, von dem feierlichen Tedeum, das in der Schlosskirche zelebriert wurde, und davon, dass auf ausdrücklichen Wunsch des Kurfürsten der Name des Prinzen beim Dankgottesdienst erwähnt wurde. Dies wisse er schon, entgegnet der Prinz. Nach längerem Schweigen erkundigt er sich nach dem Grund für Hohenzollerns Ernst. Offensichtlich ist Hohenzollern gekommen, um mit dem Prinzen die ernsten Entwicklungen im Kriegsgerichtsverfahren zu besprechen, wagt es jedoch nicht, von sich aus das Gespräch auf dieses Thema zu bringen. Erst nach einer weiteren Pause fragt er vorsichtig:

> „Was denkst du, Arthur, denn von deiner Lage,
> Seit sie so seltsam sich verändert hat?“
> (V. 817 f.)

Der Prinz erwartet seine Begnadigung

Der Prinz ist ganz sicher, dass der Kurfürst ihn begnadigen wird:

> „Der Kurfürst hat getan, was Pflicht erheischte,
> Und nun wird er dem Herzen auch gehorchen.“
> (V. 820 f.)

Er vermag sich nicht vorzustellen, dass der Kurfürst, der ihn doch fast wie einen Sohn geschätzt und gefördert hat, ihn jetzt wegen eines vergleichsweise geringen Vergehens ohne Gnade der Härte des Gesetzes ausliefern könnte. Hohenzollern kann angesichts des schon gefällten Todesurteils den Optimismus seines Freundes nicht verstehen. Doch Homburg deutet die Tatsache dieses Prozesses ganz anders: Der Kurfürst habe ihm diese Behandlung doch nur zuteil werden lassen, weil er von vornherein entschlossen gewesen sei, „als ein Gott“ in den Kreis der Richter zu treten und ihn zu begnadigen. Dass die Richter schon das Todesurteil gefällt haben, vermag seine Sicherheit nicht zu erschüttern, eine Sicherheit, die aus seinem „Gefühl“ vom Kurfürsten herrührt. Erst als der Freund berichtet, er habe soeben vom Feldmarschall erfahren, dass sich der Kurfürst das Todesurteil des Gerichts zur Unterschrift habe kommen lassen, hegt er leise Zweifel. Und als Hohenzollern hinzufügt, der Feldmarschall habe angedeutet, dass wenig Hoffnung auf Begnadigung bestehe, wird der Prinz unruhig, kann aber immer noch nicht glauben, dass der Kurfürst „so ungeheuere Entschließungen in seinem Busen wälzen“ könnte, wo er, Homburg, sich doch so unermessliche Verdienste in der Schlacht erworben habe.

Todesurteil schon gefällt

Hohenzollern äußert schließlich die Befürchtung, dass der Prinz durch einen anderen Schritt dem Kurfürsten zu nahe getreten sein könnte; der schwedische Gesandte Horn habe um die Hand der Prinzessin Natalie für seinen König angehalten, Natalie habe aber abgelehnt, da sie schon gewählt habe. Als der Prinz diese Neuigkeit vernimmt, glaubt er einen plausiblen Grund für die Unnachgiebigkeit des Kurfürsten gefunden zu haben. Seine Selbstsicherheit ist jetzt erschüttert, und er fleht Hohenzollern an: „O Freund! Hilf, rette mich! Ich bin verloren“ (V. 931). Auf die Anregung Hohenzollerns hin, mit der Kurfürstin zu sprechen, will er sofort aufbrechen. In dieser Szene der Verkennungen hat Hohenzollern das letzte Wort mit seiner Fehleinschätzung, dass alles sich für den Prinzen noch zum Guten wenden könne, wenn er aus staatspolitischen Erwägungen heraus auf eine Verbindung mit der Prinzessin zu verzichten bereit sei.

Politische Dimension des Falls Homburg

Erschütterung des Prinzen

III,2 Der Prinz bittet den Wachoffizier Stranz, sich „in einem dringenden Geschäft“ (V. 941) für eine Stunde aus seinem Gefängnis entfernen zu dürfen. Zu seiner Verwunderung erfährt er, dass er kein Gefangener ist und hingehen könne, wohin er wolle. Einzig und allein sein Ehrenwort („Dein Wort ist eine Fessel auch") binde ihn an sein Gefängnis. Homburg teilt dem Offizier mit, er wolle „aufs Schloss" zu seiner „Tante", der Kurfürstin, gehen und sei in kurzer Zeit („in zwei Minuten") wieder zurück.

Bindung des Ehrenworts

III,3 Schauplatz der nächsten drei Szenen ist das Zimmer der Kurfürstin. Die Kurfürstin ermuntert ihre Nichte, Prinzessin Natalie, zu ihrem Onkel, dem Kurfürsten, zu gehen und um die Rettung des Prinzen zu bitten. Die Gelegenheit sei günstig, da die schwedische Gesandtschaft soeben das Schloss verlassen habe und der Onkel allein in seinem Arbeitszimmer sei. Der vertrauliche Ton, in dem die Kurfürstin zu Natalie spricht, macht deutlich, dass sie um die Verbindung zwischen Natalie und dem Prinzen weiß und ihre Zustimmung dazu erteilt hat.

III,4 Eine Hofdame meldet den beiden Damen die Ankunft des Prinzen. Beide sind bestürzt: Die Kurfürstin nimmt an, dass der Prinz sein Wort gebrochen und ohne Wissen seines Regiments sein Gefängnis verlassen hat. Sie ist erst nach einigen Augenblicken des Bedenkens bereit, den Prinzen vorzulassen.

III,5 Mit den Worten „O meine Mutter" kniet der Prinz sogleich vor der Kurfürstin nieder, und auf die Frage der Kurfürstin, was er hier wolle, antwortet der General der Reiterei wie ein ängstliches Kind: „O lass mich deine Knie umfassen, Mutter!" (V. 966). Die Kurfürstin, die dem Prinzen wegen seines – wie sie glaubt – unerlaubten Weggangs, vielleicht sogar der Flucht aus seinem Gefängnis Vorwürfe macht, ist doch zugleich von dieser Geste der rückhaltlosen Unterwerfung gerührt. Der Prinz erscheint als ein bis in sein Innerstes getroffener, verzweifelter Mensch, der nichts anderes im Sinn hat,

Der Prinz als hilfloses Kind

Verzweiflung und Todesangst

als um Hilfe zu flehen, selbst da, wo ihm vernünftiger Überlegung zufolge keine Hilfe zuteil werden kann:

„Du scheinst mit Himmelskräften, rettenden,
Du mir, das Fräulein, deine Fraun, begabt,
Mir alles rings umher; dem Trossknecht könnt ich,
Dem schlechtesten, der deiner Pferde pflegt,
Gehängt am Halse flehen: rette mich!“

(V. 973–977)

Er berichtet der inständig nach dem Vorgefallenen fragenden Kurfürstin, dass er auf dem Weg zum Schloss gesehen habe, wie man das für ihn bestimmte Grab aushob. Der große Schrecken vor der Vergänglichkeit des Menschen hat ihn im Angesicht des Grabes erfasst, und die ganze Unerbittlichkeit und Grausamkeit seines ihm unmittelbar bevorstehenden Schicksals hat sich seiner Vorstellungskraft bemächtigt. In allen Einzelheiten malt der Prinz jene menschenverachtende Prozedur aus, die ihm bevorsteht.

Der Blick ins eigene Grab

Natalie bricht in Tränen aus, die sowohl dem Schicksal des Prinzen als auch dem Umstand gelten mögen, dass dieser sich so ganz ohne Fassung und Würde gegenüber diesem Schicksal zeigt. Die Ermahnungen der Kurfürstin, sich zu fassen und seinen Mut wiederzugewinnen, bleiben ohne Wirkung. Es folgen Worte, die, obschon die geradezu kreatürliche Todesangst des Prinzen sie mehr als begreiflich erscheinen lässt, doch einer von einem traditionellen soldatischen Wertesystem mit seinen Tugenden der Tapferkeit und der Opferbereitschaft geprägten Gesellschaft als zutiefst würde- und ehrlos erscheinen mussten. Der Prinz, ganz durchdrungen von der Schönheit von „Gottes Welt“, ist bereit, jede andere Strafe auf sich zu nehmen, wenn er dadurch dem Tod entgehen kann; ja selbst eine unehrenhafte Entlassung aus der Armee würde er hinnehmen:

Verlust von Fassung und Würde

„Seit ich mein Grab sah, will ich nichts, als leben,
Und frage nichts mehr, ob es rühmlich sei!“

(V. 1003 f.)

Der Prinz will sich erst vom Boden erheben, wenn die Kurfürstin ihm versprochen hat, für ihn beim Kurfürsten um Gnade zu flehen. Ganz unverhohlen appelliert er an ihre mütterlichen Regungen, ja er erinnert daran, dass die Kurfürstin seiner sterbenden Mutter versprochen habe, ihm, dem Sohn, eine zweite Mutter zu sein. Fast befehlend fügt er hinzu:

> „Geh hin, als hättst du mich erzeugt, und sprich:
> Um Gnade fleh ich, Gnade! Lass ihn frei!
> Ach, und komm mir zurück und sprich: du bists!"
> (V. 1017–19)

Die vergebliche Bitte der Kurfürstin

Weinend gesteht ihm nun die Kurfürstin, dass sie schon vergeblich bei ihrem Gatten um Gnade für den Prinzen gefleht habe. In seiner Verzweiflung erniedrigt sich der Prinz noch weiter und verzichtet auf jedes persönliche Glück, vor allen Dingen auf die Liebe Natalies, für die jede Zärtlichkeit in seiner Brust erstorben sei und deren Verbindung mit dem Schwedenkönig er nun durch seinen Verzicht ermögliche. Er selbst wolle sich mit einem einfachen, arbeitsreichen Leben in abgeschiedener Ländlichkeit bescheiden, fern von allem Glück und Ruhm. Die Kurfürstin, wohl ein erneutes Gnadengesuch erwägend, bittet ihn, sofort wieder in sein Gefängnis zurückzukehren. Der Prinz wendet sich an Natalie. Er glaubt, dass sie sich keinem anderen Manne verbinden werde und mit seinem Verzicht auf sie auch ihr Glück verliere.

Natalies „Glück"

Grausam in seiner Unerbittlichkeit erscheint sein Ratschlag an Natalie, sich in ein Stift für Jungfrauen am Main zu begeben, sich einen blond gelockten Knaben zu kaufen, der ihm, Homburg, ähnlich sehe, ihn aufzuziehen und ihn darin zu unterweisen, den Toten die Augen zuzudrücken.

Natalies Entschlossenheit

Natalie aber, die bis jetzt geschwiegen hat, erhebt sich entschlossen, legt ihre Hand in die seinige und fordert ihn, den sie entgegen allem Anschein als jungen Helden bezeichnet, auf, auf dem Rückwege noch einmal ruhig sein Grab zu betrachten.

„Es ist nichts finstrer und um nichts breiter,
Als es dir tausendmal die Schlacht gezeigt!"
(V. 1056 f.)

Sie verspricht ihm zugleich, für ihn bei ihrem Onkel um Gnade zu bitten. Nach einem bedeutungsvollen Schweigen, währenddessen er sich in den Anblick Natalies verliert, hat der Prinz zur inneren Ruhe zurückgefunden. Natalie erscheint ihm wie ein Engel und ihr Vorhaben als ein „Hoffnungslicht"; er widerspricht ihr auch nicht, als sie ihm voraussagt:

„Doch wenn der Kurfürst des Gesetzes Spruch
Nicht ändern kann, nicht kann: wohlan! so wirst du
Dich tapfer ihm, der Tapfre, unterwerfen:
Und der im Leben tausendmal gesiegt,
Er wird auch noch im Tod zu siegen wissen!"
(V. 1070–74)

Die Bereitschaft, sich für ihn einzusetzen, aber auch Natalies Glaube an seine Tapferkeit und Stärke haben den Prinzen aus seiner Verzweiflung und Todesangst so weit herausgeführt, dass er am Ende der Szene zu sagen vermag:

Der wieder gefasste Prinz

„Leb wohl! Leb wohl! Und was du auch erringst,
Vergönne mir ein Zeichen vom Erfolg!"
(V. 1077 f.)

Vierter Akt

IV,1 Schauplatz der ersten Szene des vierten Aktes ist das Arbeitszimmer des Kurfürsten. Zu sehen ist ein Herrscher, der auch am späten Abend noch seinen Regierungspflichten nachkommt und mit der Durchsicht von Papieren beschäftigt ist. Natalie tritt, von ihm zuerst unbemerkt, ins Zimmer und lässt sich in einiger Entfernung vor ihm auf den Knien nieder. Dieser Szeneneingang stellt eine Parallele zum Beginn von Szene III,5 dar (Niederknien Homburgs vor der Kurfürstin), und doch unterscheidet er sich in bedeutsamer Weise davon. Sucht der aus Todesangst verzweifelte Homburg in III,5 in seinem Kniefall vor der Kurfürstin gleichsam die körperliche Nähe der schützenden „Mutter", so kniet Natalie in IV,1 in „einiger Entfernung" und wahrt so den dem Herrscher geziemenden Abstand, auch wenn dieser Herrscher der eigene Onkel ist. Dieser gebührende Abstand kommt auch in ihrer Anrede „Mein edler Oheim, Friedrich von der Mark" (V. 1078) zum Ausdruck; das persönliche Gnadengesuch Natalies wird so von vornherein zu einem allgemeingültigen und staatspolitisch bedeutsamen Gespräch über Recht und Schuld aufgewertet.

Kniefall vor dem Herrscher

Gespräch über Recht und Schuld

Zweimal betont Natalie, dass sie gekommen sei, um eine selbstlose Bitte auszusprechen; obschon sie den Prinzen liebe, bitte sie doch nicht ihrer Liebe wegen um sein Leben:

> „Ich will nur, dass er da sei, lieber Onkel,
> Für sich, selbständig, frei und unabhängig,
> Wie eine Blume, die mir wohlgefällt:
> [...]."
>
> (V. 1087 ff.)

Als der Kurfürst sie an das Verbrechen Homburgs gemahnt, wertet sie das Vergehen Homburgs als „Fehltritt, blond mit blauen Augen" ab. Sie spricht den Kurfürsten als den gütigen und verzeihenden Onkel an, der schon um seiner Mutter willen den Sohn nicht strafen werde. Indirekt gibt sie sogar dem Kurfürsten die Schuld an Homburgs Fehlverhalten:

Mitschuld des Kurfürsten

> „Was Eifer nicht, im Augenblick des Treffens,
> Für deines Namens Ruhm, der ihn verführt,
> Die Schranke des Gesetzes zu durchbrechen:
> [...]."
>
> (V. 1102 ff.)

Sie erinnert nicht nur an die ruhmreichen Kriegstaten des Prinzen, sondern behauptet auch, dass die Geschichte nicht vom Kurfürsten verlangen könne, den Prinzen erst als Sieger zu bekränzen, um ihn dann zu enthaupten.

Jetzt sieht sich der Kurfürst gezwungen, seine staatspolitische Beurteilung des Falls Homburg vorzutragen. Gerade weil er kein Tyrann sei, sondern von sich glaubt, dem Recht gemäß zu regieren, habe er die Konsequenzen zu bedenken für den Fall, dass er den Schuldspruch des Gerichts durch seine Begnadigung übergehe. Diese Folgen beträfen nicht ihn als Person, sondern das „Vaterland", zu dessen Sicherung nach seiner Auffassung die geltende Rechtsordnung bestimmt, aber auch er selbst als ‚oberster Diener seines Staates' aufgerufen ist. Natalie kann jedoch in einer Begnadigung des Prinzen keine Gefahr für das Vaterland erkennen. Für sie gibt es nicht nur eine aus Rechtssatzungen bestehende Ordnung, sondern auch eine schönere Ordnung, die aus der Gemeinschaft miteinander und füreinander empfindender Menschen erwächst:

Folgen für das Vaterland

Natalies schönere Ordnung

> „Das Kriegsgesetz, das weiß ich wohl, soll herrschen,
> Jedoch die lieblichen Gefühle auch."
>
> (V. 1129 f.)

Dann entwirft sie eine Vision von der herrlichen Zukunft eines Vaterlandes, das noch andere Stürme ertragen werde als diese vergleichsweise belanglose Kontroverse um die Tat eines vorschnellen Jünglings.

> „Das braucht nicht dieser Bindung, kalt und öd,
> Aus eines Freundes Blut, um Onkels Herbst,
> Den friedlich prächtigen, zu überleben."
>
> (V. 1139–41)

Der Kurfürst nun wünscht zu wissen, wie der Prinz über diese Streitfrage denkt, ob es seiner Meinung nach gleichgültig sei, ob im Vaterlande Willkür oder die Satzung herrsche. Erst nach einigem Zögern kann Natalie sich dazu durchringen, dem sichtlich betroffenen Kurfürsten von der ganz und gar ‚unrühmlichen' Angst des Prinzen zu berichten, der an nichts anderes als an seine eigene Rettung denke und den die Interessen des Staates

Bestürzung des Kurfürsten

völlig unberührt ließen. Dem Kurfürsten scheint es schier unvorstellbar zu sein, dass der Prinz, trotz seines Vergehens immer noch ein geachteter Feldherr und hoher Repräsentant des Staates, um Gnade fleht. An die Brust ihres Onkels gelehnt, berichtet Natalie von dem auch ihr unbegreiflichen Auftritt des Prinzen bei der Kurfürstin, seinem ganz unheldenmütigen Erscheinen, seinem unerfreulichen und jämmerlichen Anblick.

Sofortige Begnadigung des Prinzen

Als er von diesem Verhalten des Prinzen vernimmt, ist der Kurfürst sofort bereit, Homburg zu begnadigen. Natalie kann diese plötzliche Meinungsänderung des Kurfürsten kaum fassen. Der Kurfürst begründet seinen raschen Sinneswandel, formuliert aber zugleich eine folgenreiche Bedingung für die Freilassung Homburgs:

Bedingung des Kurfürsten

> „Die höchste Achtung, wie dir wohl bekannt,
> Trag ich im Innersten für sein Gefühl:
> Wenn er den Spruch für ungerecht kann halten
> Kassier ich die Artikel: er ist frei! –“
>
> (V. 1183–86)

Während Natalie klopfenden Herzens auf einem Stuhl Platz nimmt, schreibt der Kurfürst einen Brief, den er eigenhändig siegelt und seiner Nichte übergibt. Tröstend legt er den Arm um Natalie und bittet sie, dem Prinzen den Brief selbst zu überbringen. Immer noch versteht Natalie nicht, was den Sinneswandel des Kurfürsten bewirkt hat, aber sie hofft darauf, dass der Brief die Rettung für den Prinzen bedeutet. Die letzten Verse des Kurfürsten machen jedoch klar, dass dieser Brief die Entscheidung über eine Freilassung in die Hand des Prinzen selbst legen wird:

> „Gewiss, mein Töchterchen, gewiss! So sicher,
> Als sie in Vetter Homburgs Wünschen liegt.“
>
> (V. 1206 f.)

Natalie unterschreibt Bittschrift

IV,2 Die vom Kurfürsten zurückgekehrte Prinzessin empfängt in ihrem Zimmer den Grafen Reuß, der ihr eine Bittschrift aus den Händen des Obristen Kottwitz überreicht (die Prinzessin ist ja wie alle Mitglieder der

kurfürstlichen Familie nominell Oberbefehlshaber eines Regiments, auch wenn der militärische Befehl in der Regel von Berufsoffizieren ausgeübt wird). Dreißig Offiziere ihres Regiments, an der Spitze der alte Kottwitz, haben eine Eingabe um Begnadigung des Prinzen erstellt und ersuchen die Prinzessin, diese Supplik ebenfalls zu unterschreiben. Die Prinzessin ist dazu gern bereit, obschon sie Graf Reuß gegenüber davon ausgeht, dass der Prinz in Kürze freigelassen werden wird. Der Prinzessin entgeht jedoch nicht, dass nur die Offiziere ihres eigenen Regiments, jedoch nicht diejenigen der anderen Regimenter der Reiterei unterschrieben haben. Sie erfährt von Graf Reuß, dass Kottwitz, der sich mit dem Regiment der Prinzessin nicht in der Stadt, sondern in Arnstein aufhält, es nicht gewagt habe, Offiziere mit der Bittschrift in die Stadt zu schicken, um nicht durch zuviel Öffentlichkeit in den Verdacht der Meuterei zu kommen, obschon man sicher sein könne, dass alle Offiziere für den Prinzen Partei ergreifen würden.
Jetzt entschließt sich die Prinzessin zu einem weiteren Schritt zur Rettung des Prinzen, dies für den Fall, dass der Brief des Kurfürsten nicht die erhoffte Rettung des Freundes bringen sollte. Vorgeblich auf Anordnung des Kurfürsten stellt sie einen schriftlichen Befehl für das Regiment Kottwitz aus, von Arnstein nach Fehrbellin zu marschieren. Graf Reuß soll jedoch diese Order erst später, auf einen zusätzlichen ausdrücklichen Befehl Natalies hin, Kottwitz nach Arnstein überbringen. Deshalb bittet sie auch den Grafen Reuß, der den ausgefertigten Marschbefehl mit sich führt, sie zum Prinzen Homburg zu begleiten.

Natalie befiehlt ihr Regiment nach Fehrbellin

IV,3 Der Prinz kehrt in sein Gefängnis zurück, wo er nun mit stoischer Gelassenheit Betrachtungen über die Vergänglichkeit des Lebens anstellt. Das Leben sei eine kurze Reise von „zwei Spannen / Diesseits der Erde nach zwei Spannen drunter" (V. 1288 f.).

Stoische Gelassenheit des Prinzen

„Wer heut sein Haupt noch auf der Schulter trägt,
Hängt es schon morgen zitternd auf den Leib,
Und übermorgen liegts bei seiner Ferse.“
(V. 1290–92)

Skepsis gegenüber der Unsterblichkeit

Diese Betrachtungsweise ist in ihrer nüchternen Sachlichkeit nicht frei von bitterem Sarkasmus gegenüber dem Versuch, den Tod idealistisch zu überhöhen oder ihm einen Sinn verleihen zu wollen. Aus diesen Versen spricht eine radikale Skepsis gegenüber dem Gedanken der persönlichen Unsterblichkeit; zwar sage man, auch dort, im Bereich des Todes, scheine eine Sonne über noch buntere Felder als hier auf Erden,

„nur schade, dass das Auge modert,
Das diese Herrlichkeit erblicken soll.“
(V. 1295 f.)

Brief des Kurfürsten

IV,4 Natalie erscheint beim Prinzen in Begleitung des Grafen Reuß, um ihm persönlich die Botschaft des Kurfürsten zu überbringen. Nachdem die Begleiter sich entfernt haben, erkundigt sich der Prinz, wie es um ihn stehe, und kann es kaum fassen, dass Natalie ihm seine Freilassung ankündigt. Homburg liest den kurzen, aber bedeutungsvollen Brief des Kurfürsten vor:

„Mein Prinz von Homburg, als ich Euch gefangen setzte,
Um Eures Angriffs, allzu früh vollbracht,
Da glaubt ich nichts, als meine Pflicht zu tun;
Auf Euren eignen Beifall rechnet ich.
Meint Ihr, ein Unrecht sei Euch widerfahren,
So bitt ich, sagts mir mit zwei Worten –
Und gleich den Degen schick ich Euch zurück.“
(V. 1307–13)

Natalies Drängen und das Zögern des Prinzen

Natalie erblasst, da sie den Hintersinn des Briefes erkennt. Dann aber fasst sie sich und versucht, den Prinzen dazu zu bewegen, sogleich die gewünschten Zeilen an den Kurfürsten zu schreiben, ja will sie selbst in die Feder diktieren. Der Prinz jedoch zögert, weil auch er den Hintersinn des Briefes ahnt, und möchte den Brief noch einmal genauer studieren. Natalie jedoch reißt ihm den Brief aus der Hand, erinnert ihn an sein bereits geöffnetes Grab und befiehlt ihm weinend: „Schreibt, wenn Ihr mich nicht böse machen wollt“ (V. 1330). Der Prinz gehorcht dem Drängen der geliebten Frau, beginnt zu schreiben, hält aber bald inne und zerreißt das bereits Geschriebene: Dies sei „eines Schuftes Fassung, keines Prinzen“ (V. 1334). Er, der seine Todesangst ganz überwunden und seine innere Fassung wiedergefunden hat, sucht in seiner Antwort jetzt nach der seiner Würde und Ehre als Feldherr des Kurfürsten angemessenen Fassung des Briefes. Natalie weiß, dass der Prinz nunmehr die geforderten Zeilen zu seiner Rettung nicht schreiben wird. Dem Prinzen wird beim erneuten Lesen nämlich vollends klar, dass er selbst zur Entscheidung seines ‚Falles‘ aufgerufen ist:

Suche nach den angemessenen Worten

> „Dass er mir unrecht tat, wies mir bedingt wird,
> Das kann ich ihm nicht schreiben; zwingst du mich,
> Antwort, in dieser Stimmung, ihm zu geben,
> Bei Gott! so setz ich hin, du tust mir recht!“
> (V. 1355–58)

Er vertieft sich wieder in den Brief, ohne die verzweifelten Einwürfe Natalies wahrzunehmen. Ruhig und gefasst beginnt er erneut, den geforderten Antwortbrief zu schreiben. Natalie sucht ihn von der Entschlossenheit des Kurfürsten zu überzeugen, den Spruch zu vollstrecken; er, Homburg, unterschreibe, wenn er dem Kurfürsten recht gebe, sein eigenes Todesurteil. Der Prinz antwortet nur lakonisch: „Gleichviel! […] Er handle, wie er darf; / Mir ziemts hier zu verfahren, wie ich soll!“ (V. 1375 ff.). Er versiegelt den fertigen Brief und lässt ihn sogleich aufs Schloss bringen. Bedeutende Schuld habe er durch sein Verhalten auf sich geladen, erklärt er Natalie, und wenn ihm der Kurfürst nur um den Preis eines Streits verzeihen könne, wolle er nichts von dessen Gnade wissen. Diese aufrechte Haltung des Prinzen beeindruckt Natalie so sehr, dass sie ihn küsst und ihm offen ihre Zuneigung bekundet („du gefällst mir!“). Indessen verfolgt sie nun zielstrebig ihre eigenen Pläne zur Rettung des Prinzen weiter und befiehlt dem Grafen Reuß,

Der Prinz handelt, wie er soll

Schuldanerkenntnis

Zuneigung der Prinzessin

ihren zuvor ausgefertigten Marschbefehl zu Kottwitz nach Arnstein zu bringen.

Fünfter Akt

Regiment in Fehrbellin

V,1 Die Szenen V,1–9 spielen wieder im Schloss zu Fehrbellin. Der Kurfürst kommt halb entkleidet, es ist offenbar spät in der Nacht, mit Graf Hohenzollern und anderen Offizieren aus dem Nebenzimmer. Er muss ungläubig vernehmen, dass das Regiment der Prinzessin unter Kottwitz' Führung ohne seinen Befehl nach Fehrbellin marschiert ist und schon auf dem Schlossplatz Aufstellung genommen hat. Außerdem habe sich sein Offizierskorps im Rathaus versammelt, und auch die anwesenden Offiziere bitten ihn, sich dorthin begeben zu dürfen. Nach kurzem Zögern willigt der Kurfürst ein, und die Offiziere verlassen den Saal.

Kaltblütigkeit des Kurfürsten

V,2 Der Kurfürst spricht einen kurzen Monolog. Zwar könnten diese merkwürdigen Vorfälle wie eine drohende Rebellion der Armeeführung erscheinen, da aber in Brandenburg Rebellion gegen den Souverän undenkbar sei, wolle er sich „auf märksche Weise fassen“ und die Herren Offiziere schon zur Ordnung bringen. Er befiehlt einem Bedienten, Erkundigungen über das Geschehen im Rathaus einzuziehen, und kleidet sich dann an, um den Offizieren im vollen Schmuck seiner kurfürstlichen Würde gegenüberzutreten. Von vornherein wird durch diese auch symbolische Handlung klargestellt, dass der Kurfürst nicht gewillt ist, seine angestammten Rechte als oberster Souverän und Befehlshaber der Armee antasten zu lassen.

Dörflings Kleinmut

V,3 Feldmarschall Dörfling kommt in den Saal gestürzt und meldet: „Rebellion, mein Kurfürst“. Der Kurfürst ist ungehalten über das unangemeldete Vordringen seines obersten Soldaten und über dessen Aufgeregtheit. Dörfling berichtet, es gehe das Gerücht um, man wolle dem

Kurfürsten eine Bittschrift zugunsten des Prinzen überreichen und habe für den Fall einer Ablehnung schon Vorkehrungen zu dessen gewaltsamer Befreiung getroffen. Dörfling habe dies von einer Hofdame erfahren, die Zeugin eines Gesprächs von Offizieren gewesen sei. Da der Kurfürst jedoch solchen Gerüchten keinen Glauben schenken will, bittet Dörfling den Kurfürsten inständig, wenn er denn die Absicht habe, den Prinzen zu begnadigen, dies unverzüglich zu tun, um jeder möglichen Rebellion den Boden zu entziehen. Der Kurfürst jedoch antwortet:

> „Da müsst ich noch den Prinzen erst befragen,
> Den Willkür nicht, wie dir bekannt sein wird,
> Gefangen nahm und nicht befreien kann."
>
> (V. 1469–71)

Der Kurfürst beharrt also auf der Rechtmäßigkeit seines Vorgehens und darauf, die Begnadigung von der Haltung des Prinzen selbst abhängig zu machen.

Der Kurfürst beharrt auf der Rechtmäßigkeit des Urteils

V,4 Dem Kurfürsten wird die Ankunft der Offiziere gemeldet, die sich Gehör von ihrem Herrn erbitten. Zugleich erhält er den Antwortbrief des Prinzen von Homburg, kann also die folgenden Verhandlungen mit den Offizieren im Wissen um die Haltung Homburgs führen. Nachdem er den Brief gelesen hat, erbittet er von einem Pagen das Todesurteil und zugleich den Pass des schwedischen Gesandten, des Grafen Horn, bevor er Kottwitz und die anderen Offiziere eintreten lässt. Man kann vermuten, dass er bereits jetzt, noch vor der Begegnung mit den Offizieren, erwägt, den Prinzen zu begnadigen, zumindest aber entschlossen ist, den Krieg gegen Schweden fortzuführen.

Vorlage von Todesurteil und Pass

V,5 Alle höheren Offiziere der Reiterei, Kottwitz, Hennings, Graf Truchß, Hohenzollern, Sparren, Graf Reuß, Rittmeister von der Golz, Stranz und weitere Offiziere betreten den Saal. Kottwitz will mit allem schuldigen Respekt dem Kurfürsten die Bittschrift überreichen. Der

Unterredung mit den Offizieren

Kurfürst wünscht jedoch zuvor zu wissen, auf wessen Befehl hin Kottwitz sein Quartier in Arnstein verlassen habe. Kottwitz ist verblüfft, da er glaubt, auf Befehl des Kurfürsten selbst gehandelt zu haben. Der Kurfürst lässt sich den schriftlichen Befehl vorweisen und liest die Unterschrift

> „Natalie, gegeben Fehrbellin;
> In Auftrag meines höchsten Oheims Friedrich.“
> (V. 1492 f.).

Der Kurfürst lässt die Eigenmächtigkeit seiner Nichte auf sich beruhen und verkündet dem erschrockenen Kottwitz, dass er, Kottwitz, mit seinen zwölf Schwadronen dazu ausersehen sei, dem Prinzen die letzten Ehren zu erweisen. Der Kurfürst fragt dann, warum die Truppen noch nicht Quartier genommen hätten, muss aber zu seiner Überraschung erfahren, dass dies bereits geschehen ist. Man gewinnt den Eindruck, dass das Verhalten des Kurfürsten ganz von der Absicht geprägt ist, seine Autorität aufrechtzuerhalten und dabei gleichzeitig die Treue seiner Offiziere auf die Probe zu stellen.

Der Kurfürst erprobt die Treue seiner Offiziere

Jetzt erst widmet er sich der Bittschrift, die ihm die Offiziere übergeben haben. Er gesteht den Bittstellern zu, der Prinz verdiene es, dass sich die Offiziere in so großer Zahl für ihn verwendeten. Darauf erkundigt er sich nach dem Verfasser und danach, ob der Prinz von dem Inhalt unterrichtet sei, was Kottwitz verneint. Lange und gründlich liest er das Schreiben. Endlich wendet er sich wieder den wartenden Offizieren zu und beginnt eine Aussprache mit Kottwitz über die Gründe, die dieser zur Rechtfertigung des Prinzen vorbringen könne. Kottwitz argumentiert militärisch-strategisch: Hätte der Prinz den Befehl zum Angriff abgewartet, wäre er nicht rechtzeitig auf dem Schlachtfeld erschienen; die Schweden hätten, von nicht ausreichenden brandenburgischen Verbänden bedrängt, wieder Fuß fassen können und der Sieg hätte nicht erkämpft werden können. Der Kurfürst ist über dieses Argument erbost und stellt die Behauptung dagegen, dass der voreilige Angriff des Prinzen viel-

Kottwitz' militärisches Argument

Gegenargument des Kurfürsten

mehr den vollständigen Sieg der Brandenburger verhindert habe, weil der Obrist Hennings durch den Angriff daran gehindert worden sei, den schwedischen Brückenkopf über den Rhyn einzunehmen. Kottwitz wiederum ist der Ansicht, dass nur ein Stümper hoffen könne, den vollständigen Sieg in einem einzigen Anlauf zu erringen. Am Tage von Fehrbellin sei kein weiter gestecktes Ziel erreichbar gewesen. Man habe jedoch die Kunst des Siegens gelernt und werde in Kürze den Feind bis an die Ostsee zurücktreiben. Jetzt aber wird der eigentliche Kern der Argumentation des Kurfürsten deutlich:

> „Den Sieg nicht mag ich, der, ein Kind des Zufalls,
> Mir von der Bank fällt; das Gesetz will ich,
> Die Mutter meiner Krone, aufrecht halten,
> Die ein Geschlecht von Siegen mir erzeugt!"
> (V. 1566–69)

Der Kurfürst will das Gesetz

Das Gesetz, das sich für den Kurfürsten in seiner eigenen Befehlsgewalt verkörpert, ist für ihn Ausdruck einer unanfechtbaren Ordnung des Staates, die ihm als Vorbedingung eines dauerhaften machtvollen Bestands dieses Staates gilt.

In einer langen Erwiderung stellt Kottwitz diese autoritäre Auffassung von Gesetz und Staat in Frage. Gegen den kurfürstlichen Willen setzt er als oberstes Gesetz das „Vaterland", die „Krone" und den Kurfürsten selbst als Träger der Krone. Oberste Norm müsse diejenige sein, die den Feind in die Schranken zu verweisen in der Lage ist. Wichtig sei vor allem, dass das Heer nicht zu einem toten Werkzeug verkomme, das nur durch den Buchstaben des Gesetzes regiert werde, sondern dass die „Empfindung", die Begeisterung der Soldaten, sich für Vaterland und Souverän zu schlagen, ihr Recht erhalte.

Kottwitz' Plädoyer für „die Empfindung"

> „Die schlechte,
> Kurzsichtge Staatskunst, die, um eines Falles,
> Da die Empfindung sich verderblich zeigt,
> Zehn andere vergisst, im Lauf der Dinge,
> Da die Empfindung einzig retten kann!"
> (V. 1583–87)

Gehorsam des freien Mannes

Der vaterländisch empfindende Offizier vergieße doch nicht des Soldes oder des Ruhmes wegen sein Blut in der Schlacht, sondern weil er, ein freier und unabhängiger Mann, seine Freude habe an Ruhm und Wachstum des Vaterlandes und damit auch seines Souveräns. Aus diesem Gefühl der Begeisterung heraus würde er, Kottwitz, eine Tat wie diejenige des Prinzen, die dem Vaterland einen Sieg erringt, jederzeit wiederholen, auch wenn sein Souverän dafür seinen Kopf verlangen würde. Der Kurfürst muss zugeben, dass er mit Kottwitz, dem „alten, wunderlichen Herrn“, nicht fertig wird. Als Sachwalter seiner eigenen Position will er den Prinzen selbst herbeirufen.

Der Prinz als Verteidiger des Kurfürsten

> „Der wird dich lehren, das versichr' ich dich,
> Was Kriegszucht und Gehorsam sei!“
> (V. 1616 f.)

Der Prinz vertrete eine andere Auffassung – dies wisse er aus einem Brief, den er soeben erhalten habe – als den „spitzfündge[n] Lehrbegriff der Freiheit“, den Kottwitz hier vertreten habe. Während die Offiziere unruhig auf die Ankunft des Prinzen warten, disputiert der Kurfürst mit Graf Hohenzollern über eine zweite Bittschrift, die dieser persönlich verfasst hat.

Der verhängnisvolle ‚Scherz'

Der Kurfürst mag es kaum glauben, dass Hohenzollern vorgibt, die Schuld des Souveräns selbst an Homburgs Fehltritt beweisen zu können. Hohenzollern schildert noch einmal die Vorfälle jener Nacht vor der Schlacht, in der der Prinz sich schlafwandelnd im Schlosspark aufhielt und in der sich der Kurfürst einen ‚Scherz' mit ihm erlaubte: ihn scheinbar durch Natalie mit einem Ruhmeskranze krönen ließ, ihn aber im letzten Augenblick zurückstieß (vgl. I,1). Weiterhin schildert Hohenzollern auch die Reaktionen des Prinzen auf diesen Vorfall nach dem Erwachen: dass er ihm das Vorgefallene in lebhafteindringlicher Weise als Traum erzählt habe in dem festen Glauben, er habe ein Zeichen des Himmels erfahren, zumal er unbegreiflicherweise einen Handschuh in Händen hielt (vgl. I,4). Ganz von diesem Ereignis ergriffen, habe der Prinz bei der Befehlsausgabe (vgl. I,5) kaum Acht geben können; und als sich herausgestellt habe, dass der Handschuh der Prinzessin gehörte, sei die „Empfindung, wie durch Zauberschläge, / In ihm verlöscht" gewesen (V. 1695 f.), und erst am nächsten Morgen sei er, beim Donner der Geschütze, wieder ins Leben zurückgekehrt. Feldmarschall Dörfling bestätigt dem nachdenklich gewordenen Kurfürsten diese Darstellung Hohenzollerns.

Der Kurfürst wendet sich zwar vehement gegen diese Schuldzuschreibung: Ebenso könne Hohenzollern, der doch die Hofgesellschaft damals in den Garten gerufen habe, sein eigenes Handeln als erstes Glied einer Kette von Ursachen ansehen, die schließlich zum Fehltritt des Prinzen geführt hätten. Hohenzollern ist dennoch sicher, dass seine Worte ihre Wirkung beim Kurfürsten nicht verfehlen werden.

V,6 Ein Offizier kündigt die Ankunft des Prinzen an, die sich aber noch um einen Augenblick verzögere, weil der Prinz auf dem Weg noch einmal sein eigenes, bereits geöffnetes Grab zu sehen gewünscht habe.

V,7 Als der Prinz hereingeführt wird, wendet sich der Kurfürst sogleich an ihn mit der Bitte um Hilfe. Er habe vom Obristen Kottwitz eine Bittschrift erhalten, von hundert „Edelleuten" unterzeichnet, in der der Spruch des Kriegsgerichts missbilligt und des Prinzen Freilassung verlangt werde. Der Prinz wirft nur einen kurzen Blick in die Bittschrift, reicht dann seinem Freund Kottwitz die Hand und bittet ihn, nach Arnstein zurückzukehren. Er sei zu dem Entschluss gekommen, den ihm zuerkannten Tod auf sich zu nehmen. Gegen den heftigen Widerspruch der fassungslosen Offiziere bekundet er fest und klar:

Der Prinz als Richter

Der Prinz will den Tod erleiden

> „Ich will das heilige Gesetz des Kriegs,
> Das ich verletzt, im Angesicht des Heers,
> Durch einen freien Tod verherrlichen!"
>
> (V. 1750–52)

Er bekennt sich nicht nur zu seiner Schuld, sondern er fasst die Unterwerfung unter das Gesetz des Krieges auch als einen freien Akt auf und deutet zugleich seinen Tod als einen Triumph, den er über den Trotz und den Übermut, die verderblichsten der inneren Feinde, erringen werde. Zugleich stellt er eine Beziehung her zwischen dem Opfer, das er zu bringen sich entschlossen hat, und der Freiheit der Brandenburger, sich auf ihrem „mütterlichen Grund“ zu behaupten. Gerührt drängen sich die Offiziere um den Prinzen, der sich an den Kurfürsten wendet und ihn bittet, keinen Groll mehr zu hegen gegen ihn, der sich „versöhnt und heiter“ dem „Rechtsspruch“ unterworfen habe. Zum Zeichen dieser auch menschlichen Aussöhnung möge er ihm die Gnade erweisen, nicht mit Natalies Hand den Frieden mit den Schweden zu erkaufen, sondern den schwedischen Unterhändler fortzuschicken und den Krieg fortzuführen. Der Kurfürst küsst zum Zeichen der Versöhnung die Stirn des Prinzen und sichert ihm die Erfüllung seiner Bitte zu; es bedürfe jetzt dieses Opfers, d. h. des Friedens, nicht mehr:

Entscheidung als Opfertat

Aussöhnung: Fortsetzung des Kriegs

> „Blüht doch aus jedem Wort, das du gesprochen,
> Jetzt mir ein Sieg auf, der zu Staub ihn malmt!“
> (V. 1788 f.)

Die freie Unterwerfung des Prinzen unter das Kriegsrecht wird also in den Worten des Kurfürsten zu einem Garanten militärischer Erfolge, und der Prinz krönt solche Aufwallung vaterländischer Gefühle noch durch den ‚Auftrag‘ an den Kurfürsten:

Imperialer Auftrag des Prinzen

> „Geh und bekrieg, o Herr, und überwinde
> Den Weltkreis, der dir trotzt – denn du bists wert!“
> (V. 1798 f.)

Schließlich soll der Prinz unter Bewachung wieder in sein Gefängnis zurückgeführt werden.

V,8 Bevor der Prinz noch abgeführt werden kann, zeigen sich Natalie, die Kurfürstin und ihre Hofdamen an der Tür. Natalie ist außer sich und möchte ohne Rücksicht auf die gebotene höfische Etikette zu ihrem geliebten Freund eilen. Der Prinz jedoch lässt sich von niemandem mehr aufhalten; er will sich in seinem Entschluss, seinen freien Tod zu sterben, nicht mehr beirren lassen und lässt sich abführen. Verzweifelt sucht Natalie bei ihrer Tante Trost.

Natalies Verzweiflung

V,9 Ratlos bleiben die Offiziere zurück; kalt und immer noch voller Groll, bittet Kottwitz um seine Entlassung. Der Kurfürst schlägt seine Bitte ab und wendet sich mit den Papieren, die er sich in V,4 hat kommen lassen, an den Feldmarschall. Er befiehlt, dem schwedischen Gesandten seinen Pass zukommen zu lassen und den Krieg in drei Tagen wieder aufzunehmen. Dann wirft er einen Blick in Homburgs Todesurteil und fragt eher beiläufig, ob die Herren bereit wären, es trotz dreier Eigenmächtigkeiten des Prinzen im verflossenen Jahr noch ein viertes Mal mit ihm zu wagen. Die Offiziere sind völlig überrascht angesichts dieser Wendung der Dinge und begeistert, als der Kurfürst das Todesurteil vor ihren Augen zerreißt. Jetzt, da durch den Entschluss des Prinzen seine Autorität gewahrt ist, kann der Kurfürst auch die Begnadigung aussprechen.

Überraschende Begnadigung

V,10 Die letzten beiden Szenen spielen wie die Szenen I,1–4 im Garten des Schlosses zu Fehrbellin. Wiederum ist es Nacht, wie zu Anfang des Stücks. Begleitet von den Klängen eines Totenmarsches wird der Prinz mit verbundenen Augen von Rittmeister Stranz in den Garten geführt. Der Prinz spricht den letzten seiner drei kurzen Monologe (vgl. I,6 und IV,3): „Nun, o Unsterblichkeit, bist du ganz mein!" In poetischen Bildern beschwört er das unermessliche Glück, das er im Angesicht seines nahen Todes empfindet. Gerade jetzt, in der Nähe des Todes, ist er besonders empfänglich für die sinnlichen Eindrücke des Lebens; er bemerkt den lieblichen Duft der Blumen, und in einem kurzen Dialog mit Stranz, den er überschwänglich als „Lieber" anredet, verspricht

Parallele zu I,1–4

er, eine ihm dargereichte Nelke zu Hause „in Wasser zu setzen“.

V,11 Indessen versammelt sich auf der Rampe, wie zu Beginn von I,1, die gesamte Hofgesellschaft; der Kurfürst hält, wie damals, den Lorbeerkranz mit der darum geschlungenen goldenen Kette in Händen. Stranz bittet den Prinzen, sich zu erheben; er wolle ihm die Binde wieder von den Augen nehmen. Der Prinz wähnt die letzte Stunde seines Lebens und Leidens gekommen. Prinzessin Natalie tritt nun, gefolgt von der ganzen Hofgesellschaft, auf den erstaunten Prinzen zu, setzt ihm den Kranz auf, hängt ihm die Kette um und drückt seine Hand an ihr Herz. Der Prinz ist von dieser völlig unerwarteten Wendung so überwältigt, dass er in Ohnmacht fällt. Man eilt ihm zu Hilfe, und unter dem Donner der Kanonen und Marschmusik vollendet sich die Apotheose des Prinzen. Heilrufe ertönen für den „Sieger in der Schlacht bei Fehrbellin“, in einer kurzen Phase des Schweigens vermag der Prinz nur ungläubig zu fragen: „Nein, sagt! Ist es ein Traum?“ Er erhält von Kottwitz die vieldeutige Antwort: „Ein Traum, was sonst?“ (V. 1856 f.), bevor alle in den martialischen Schlussvers des Stücks einstimmen: „In Staub mit allen Feinden Brandenburgs!“

Apotheose des Prinzen

Thematische Aspekte

Preußentum und Heimatliebe

Am 15. 8. 1811, drei Monate vor seinem Tod, schreibt Kleist an den Dichter Friedrich de la Motte Fouqué:

> „Vielleicht kann ich Ihnen in kurzem gleichfalls ein vaterländisches Schauspiel, betitelt: Der Prinz von Homburg, vorlegen, worin ich auf diesem ein wenig dürren, aber eben deshalb fast, möcht ich sagen reizenden Felde, mit Ihnen in die Schranken trete." (Brief 214, SW II,876)

Das ‚vaterländische Schauspiel'

La Motte Fouqué hatte selbst ein Drama über den Tag von Fehrbellin verfasst. Hierdurch wurde dem Stück vom Autor selbst ein Etikett angeheftet, das weite Teile seiner Rezeptionsgeschichte bestimmen sollte, vor allem in der Zeit des deutschen Imperialismus und dann wieder in der NS-Zeit (vgl. S. 127 f.). Diese Rezeption reduzierte die Thematik auf das Vaterländische; gleichwohl atmet Kleists Stück zweifellos – nicht nur in dem martialischen Schlussvers – den Geist eines im besonderen Sinne brandenburgisch-preußischen Patriotismus, der in seinen militärisch geprägten Idealen heutige Leser seltsam fremd anmuten mag. Der Prinz beschwört nicht nur die „Zehn märkischen Gebote" (V. 487) als oberstes Prinzip seines Handelns. Auch vom „mütterlichen Grund", auf dem der Brandenburger sich gegen den Fremdling behaupten müsse (V. 1760), und vom ‚Vaterland' ist an entscheidender Stelle die Rede; Joachim Maass schließlich spricht in seiner Kleist-Biografie von „Heimatliebe", die das Stück wie ein roter Faden durchziehe.

Brandenburgisch-preußischer Patriotismus

Ohne auf die preußisch-deutsche Geschichte genauer eingehen und einen bestimmten Begriff des Vaterlandes voraussetzen zu wollen, wird im Folgenden untersucht, in welcher Weise das Stück ‚Vaterländisches' thematisiert. Dabei gilt unser Augenmerk zum einen der äußeren Seite des Vaterlandes, seinem Verhältnis also zu anderen ‚Vaterländern', zum anderen seinem inneren Aufbau. Brandenburg-Preußen befindet sich zu Beginn des Stücks im Krieg mit Schweden; als Erstes erfahren wir, dass der Prinz von Homburg seit drei Tagen mit seiner Reiterei den flüchtigen Schweden „munter nachgesetzt" habe (V. 3). Die Schweden erscheinen in diesem Krieg als Invasoren; sie stehen auf brandenburgischem Territorium, und das Kriegsziel des Kurfürsten besteht zunächst darin, diese eroberten Gebiete zurückzugewinnen. Bevor die Schlacht von Fehrbellin geschlagen wird (II,1/2), befindet sich der Gegner also schon auf dem Rückzug vor den siegreichen brandenburgischen Truppen, die, nach der Mark Brandenburg, auch als die „Märkischen" bezeichnet werden. Das Ziel der Schlacht von Fehrbellin besteht darin, das bereits auf der Flucht befindliche Hauptheer der Schweden von seinem Brückenkopf über den Fluss Rhyn abzuschneiden und dadurch gänzlich zu zerschlagen (V. 248–252).

Das Vaterland im Krieg

Krieg als Befreiungskampf

Den Brandenburgern gelingt es am Tag der Schlacht, das schwedische Heer diesseits des Rhyns aufzureiben, es kann jedoch den Brückenkopf nicht einnehmen (V. 559 f.). Die Schlacht wird mit äußerstem Vernichtungswillen geführt: Ein Dorf geht in Flammen auf, später schlägt den Brandenburgern „mörderischer Eisenregen" entgegen (V. 531), und als die Brandenburger den Kurfürsten gefallen glauben, werden die Schweden unter Führung des von Wut und Rache angespornten Prinzen „geworfen, auf das Feld zerstreut, vernichtet" – der Kampf wird als „Würgen" im Sinne von Erwürgen des Gegners bezeichnet (V. 560).

Erfolg der Schlacht bei Fehrbellin

Nur wenig später jedoch werden ein Waffenstillstand ausgerufen (V. 691) und Friedensverhandlungen mit dem schwedischen Gesandten eingeleitet. Diese Verhandlungen zielen darauf ab, durch eine dynastische Eheverbindung (Natalie mit König Karl Gustav) eine Beendigung des Krieges herbeizuführen. Immerhin scheint dem Prinzen und Graf Hohenzollern eine solche überraschen-

Vernichtungskampf und Waffenstillstand

de Wendung der Dinge so plausibel zu sein, dass sie annehmen, die Verbindung des Prinzen zu Natalie, die einer solchen dynastischen Lösung im Wege steht, könne den Zorn des Kurfürsten gereizt haben und ihn dazu bewegen, das Todesurteil gegen den Prinzen zu unterzeichnen. Später erfahren wir von weiteren Verhandlungen in dieser Sache (V. 944 f.). Ist der Krieg trotz aller Härte, mit der er geführt wird, doch nur ein Mittel der Politik, das nur angewendet wird, um diplomatische Verhandlungspositionen zu verbessern? Der historische Große Kurfürst Friedrich Wilhelm, der von 1640 bis 1688 regierte, war tatsächlich ein Meister dieser begrenzten, immer von diplomatischen Verhandlungen begleiteten Kriegsführung. Im Nordischen Krieg (1655–1660) wechselte er häufig und bedenkenlos die Fronten, schloss Separatfriedensverträge, die er dann wieder brach, um durch solch ebenso geschicktes wie skrupelloses Taktieren seinen Besitz Schritt für Schritt zu erweitern und so die Grundlage für die spätere Großmachtstellung Brandenburg-Preußens zu schaffen. Anders der Kleist'sche Kurfürst: In V,7 gewährt er dem Prinzen die Bitte, den „ehrlosen" schwedischen Antrag abzulehnen und den Krieg fortzusetzen. Sie scheint seinen Absichten sehr zu entsprechen: Wozu sonst hätte er sich bereits in V,4 (V. 1480 f.) den Pass des Grafen Horn vorlegen lassen? Die diplomatische Lösung wird zu einem Opfer abgewertet, „vom Missglück nur des Kriegs mir abgerungen", und Homburgs Entscheidung, „das heilige Gesetz des Kriegs" (V. 1750) durch einen freien Tod zu verherrlichen, wird zu einem Fanal neuer Kriegstaten.

Krieg kein Mittel der Politik

Diese Entscheidung für den Krieg wirft zwar ein Schlaglicht auf die zutiefst kriegerische Gesinnung des brandenburgischen ‚Vaterlandes', ist jedoch dadurch legitimiert, dass der Krieg den Charakter eines Befreiungskampfes gegen Fremdherrschaft annimmt.

Kriegerische Gesinnung und Freiheitskampf

> „Es erliege
> Der Fremdling, der uns unterjochen will,
> Und frei, auf mütterlichem Grund, behaupte

Der Brandenburger sich; denn sein ist er,
Und seiner Fluren Pracht nur ihm erbaut!"
(V. 1758–62)

Gegner als Feind

In diesem Existenzkampf kann es keine diplomatischen Lösungen geben; der Gegner in solchem Kampf kann nicht zugleich der mögliche Partner von morgen sein, sondern er ist der ‚Feind', den nur militärische Stärke in die Knie zwingen kann.

Stärke durch militärische Kraft

Das brandenburgisch-preußische Vaterland des *Prinzen von Homburg* verdankt seine Existenz und Stärke seinen militärischen Leistungen, nicht seinem Verhandlungsgeschick. Seine militärischen Operationen sind jedoch tendenziell nicht auf den reinen Verteidigungskrieg beschränkt; dem Prinzen dient die Bereitschaft des Kurfürsten, den Krieg gegen die schwedischen ‚Fremdlinge' weiterzuführen, zur Legitimation weiterer Kriegstaten:

„Geh und bekrieg, o Herr, und überwinde
Den Weltkreis, der dir trotzt – denn du bists wert."
(V. 1798 f.)

Im Schlussvers wird nicht nur zur Unterwerfung der Schweden, sondern aller Feinde Brandenburgs aufgerufen.

Innerer Aufbau der Gesellschaft

Wie stellt sich nun dieses ‚Vaterland' in seinem inneren Aufbau, seinen gesellschaftlichen Bezügen und politischen Strukturen dar? Zuerst fällt auf, dass das einfache Volk in diesem Stück kaum vorkommt, nur als stummer Zuschauer beim Einzug des Kurfürsten in Berlin (II,9/10) oder aber in Gestalt von Lakaien, Bedienten und einfachen Soldaten als Befehlsempfänger und Statisten auf der Bühne präsent ist. Alle wichtigen Figuren des Dramas gehören zur herrschenden kurfürstlichen Familie oder zur militärischen Führungsschicht des Staates. Dabei sind die hohen Offiziere der privilegierten Schicht des Adels zuzuordnen. Das Stück zeigt eine ständische Gesellschaft, d.h. eine Gesellschaft, in der jeder Mensch durch Geburt einem bestimmten Stand angehört, mit dem zugleich seine Rolle in der Gesellschaft weitgehend bestimmt wird und in der in der Regel nur die Mitglie-

Ständische Gesellschaft

der des Adels in Führungspositionen des Staates gelangen können.
Eine herausragende Stellung in Staat und Gesellschaft kommt dem Kurfürsten zu. Er ist als männliches Oberhaupt der regierenden Familie (Dynastie) der Hohenzollern durch Geburtsrecht in einer Person Oberhaupt des Staates, oberster Kriegsherr sowie oberster Gesetzgeber und Richter. Gleichwohl erscheint dieser mit absoluter Machtfülle ausgestattete Monarch – und hierdurch wird die Insubordination des Prinzen erst zu einer staatspolitischen Affäre – nicht als Tyrann oder Despot, der über allem Recht steht, vielmehr weiß sich der Kurfürst an die bestehende Rechtsordnung, das „Gesetz", gebunden, wobei er sich durchaus berechtigt fühlt, Urteile von Gerichten zu bestätigen oder aber aufzuheben. Es ist nun nicht leicht zu sehen, worin denn diese Bindung an das Recht besteht. Gemeint ist damit offenbar weniger eine rechtlich verankerte Einschränkung seiner Machtfülle, etwa durch unabhängige Gerichtsinstanzen; auch das Kriegsgericht verhandelt gegen den Prinzen nach seiner Weisung und bestätigt eigentlich nur das vorab schon ausgesprochene Todesurteil (V. 716–722). Gemeint ist damit eher eine ideelle Verpflichtung, das ihm übertragene Vaterland gerecht zu regieren und dabei seine persönlichen Interessen hinter den Interessen der Gemeinschaft zurückstehen zu lassen. In diesem Sinne bringt er im Gespräch mit Natalie das „Heiligtum Vaterland" (V. 1120 f.) ins Spiel, dessen Belange er bei seinem Handeln im Auge haben müsse.

Der Kurfürst als an die Rechtsordnung gebundenes Staatsoberhaupt

Ideelle Verpflichtung

Der Kurfürst erscheint Natalie in dem Augenblick als Beschützer und Beschirmer des Vaterlandes, da sie ihn gefallen glaubt (V. 577–580), später als Gründer und Fundament des Vaterlandes (V. 1131). Seine persönliche Anwesenheit auf dem Schlachtfeld wird symbolisch überhöht:

Beschützer des Vaterlandes

> „Auf einem Schimmel herrlich saß er da,
> Im Sonnenstrahl, die Bahn des Siegs erleuchtend."
> (V. 540 f.)

Er erscheint als der „kühne Schwimmer“ (V. 652), der alle anderen an Mut übertrifft.

Lebendes Symbol des Vaterlandes

Der Kurfürst ist zugleich unumschränkter Souverän und lebendes Symbol des Vaterlandes. Der Tod des Stallmeisters Froben, der ein „Opfer seiner Treue“ (V. 676) wird, hat seinen Sinn nicht einfach darin, dass Froben sein Leben für einen anderen Menschen aufs Spiel setzt, sondern darin, dass er sich für das Vaterland aufopfert, indem er dessen lebendes Symbol und Souverän vor dem Tod bewahrt. Wenn der Kurfürst von „seinen Siegen“ spricht (V. 350, 1569), die er errungen habe oder zu erringen gedenke, dann kann er das Possessivpronomen nur in dem Sinne gebrauchen, dass er selbst sich als Inbegriff des im Krieg stehenden und für sein Existenzrecht kämpfenden Vaterlandes versteht. Kottwitz nennt als oberstes Gesetz des Feldherrn in eins „das Vaterland“, „die Krone“ und den Kurfürsten als Träger dieser Krone (V. 1573 f.).

‚Vaterland‘ verbindet Souverän und Gefolgschaft

Diese ideelle Orientierung des kurfürstlichen Willens, so schwer sie sich auch äußerlich im Einzelnen von willkürlichen Handlungen unterscheiden lässt, sichert ihm den Anspruch auf Gehorsam und Gefolgschaft seiner Untergebenen. Oberster Souverän und Untergebene sind verbunden durch das gemeinsame Bemühen, Ruhm und Ehre des Vaterlandes und damit zugleich seines regierenden Hauses zu mehren. In dieser gemeinsamen ideellen Ausrichtung kann der Untergebene, obschon er unbedingten Gehorsam schuldet, sich als unabhängig und frei verstehen, da das Ziel seines persönlichen Handelns prinzipiell mit dem Ziel des um seine Verantwortung wissenden Souveräns übereinstimmt. So sagt Kottwitz:

> „Meine Lust hab, meine Freude ich,
> Frei und für mich im Stillen, unabhängig,
> An deiner Trefflichkeit und Herrlichkeit,
> Am Ruhm und Wachstum deines großen Namens!“
> (V. 1591–94)

In einer solchen Gesellschaft ist, wie die Diskussionen um die Begnadigung des Prinzen in V,5 zeigen, durchaus

Raum für kontroverse Diskussionen zwischen Souverän und Gefolgschaft; ganz unmöglich jedoch erscheint die offene Auflehnung oder Rebellion gegen den angestammten ‚Vater des Vaterlandes', wie dies in orientalischen Despotien des Öfteren vorkommen soll (V. 1597–1608). Auch lassen es die „Zehn märkischen Gebote" (V. 487) und jeder in der Hierarchie höher gestellten Person geschuldete Respekt nicht zu, dass die Regelverletzung eines Ranghöheren eigenmächtig durch einen im Rang Niedrigeren geahndet wird.

Gehorsam des freien Mannes

Die brandenburgisch-preußische Gesellschaft erscheint im Stück wie eine große, weit verzweigte und patriarchalisch geführte Familie, in der jedes Mitglied unter dem strengen und weisen Regiment des Hausvaters freiwillig seinen ihm angestammten Rang in der Hierarchie des Hauses einnimmt. Nicht zufällig sind es verwandtschaftliche oder familiäre Beziehungen, die den Prinzen mit dem Herrscherhaus verbinden – der Prinz nennt den Kurfürsten seinen „Vetter", die Kurfürstin „Mutter".

Gesellschaft als Familienverband

Insubordination und Staatsräson

Der zentrale Konflikt des Dramas besteht in der Missachtung eines militärischen Befehls durch den Prinzen (Insubordination), seiner Bestrafung mit dem Tod und der Auseinandersetzung um eine erwartete, sich aber bis zuletzt verzögernde Begnadigung des Schuldigen durch den Kurfürsten. Aber worum genau geht es bei diesem Konflikt? Geht es um die Unterwerfung eines unbotmäßigen Einzelnen unter die Räson des Staates? Oder einfach nur um die Bestrafung eines Rechtsbrechers durch die dazu berufenen Instanzen? Oder ist das Ganze vielmehr nur eine Lektion, ein persönlicher Erziehungsprozess, die einem jungen, nur seinem Gefühl lebenden Heißsporn durch den ‚Vater des Vaterlandes' erteilt wird? Eine eindeutige Antwort ist nicht leicht zu finden. Zeichnen wir die Stationen des ‚Falls Homburg' einmal genau nach.

Zentraler Konflikt: Insubordination und deren Sanktion

Der entscheidende Vorfall ereignet sich in II,2. Der Prinz fürchtet, zum ersehnten Ruhm in der Schlacht zu spät zu kommen, und gibt voreilig und eigenmächtig den Befehl zum Angriff. Dies ist in der Tat im Rahmen eines militärischen Systems von Befehl und Gehorsam ein gravierender Regelverstoß. Wenig zweifelhaft erscheint jedoch auch der militärische Erfolg von Homburgs Reiterei. Obgleich schon vor der Attacke des Prinzen Rufe laut werden: „Der Sieg ist unser!" (V. 467), hat doch erst die Truppe des Prinzen die wankenden Schweden vernichtend geschlagen (V. 552–562). Auch der Kurfürst würdigt die militärischen Verdienste des Prinzen (V. 810–812), der in der Apotheose des Schlusses gar zum „Sieger in der Schlacht bei Fehrbellin" (V. 1855) wird. Warum dann aber seine Anklage und Verurteilung?

Angriffsbefehl ohne Order

Militärischer Erfolg des Prinzen

Gänzlich unbestritten bleibt die militärische Leistung des Prinzen im Stück allerdings nicht. Betrachten wir die Schlüsselszene II,9, in der die Bestrafung der Normverletzung des Prinzen ihren Anfang nimmt. Der siegreich nach Berlin zurückgekehrte Kurfürst erklärt, offenbar im höchsten Grade erzürnt, dass derjenige Offizier, der am Tag der Schlacht eigenmächtig mit der Reiterei angegriffen habe, des Todes schuldig sei und vor ein Kriegsgericht gestellt werde. Mehreres fällt an dieser spontanen Äußerung auf. Der Kurfürst ist offenbar nicht darüber im Bilde, wer die Reiterei geführt hat; erst nach einer Zeit der Besinnung erkundigt er sich, ob der Prinz der Anführer gewesen sei, wird aber von Graf Truchß zuerst fälschlich versichert, dass dieser die Truppe nicht geführt habe. Es muss also fraglich bleiben, ob der Kurfürst die Bestrafung verlangt hätte, wäre er sich von vornherein über die Identität des Schuldigen im Klaren gewesen. Dass er dann, als er in II,10 (V. 749) vom Prinzen selbst den wahren Sachverhalt erfährt, die Entwaffnung des Prinzen befiehlt, ist psychologisch verständlich, denn er könnte nur um den Preis des Gesichts- und Autoritätsverlusts jetzt von einer Bestrafung Abstand nehmen. Des Weiteren fällt auf, dass der Kurfürst einerseits ein Kriegsgericht einberufen will, um den Schuldi-

Todesurteil im Zorn

Unkenntnis der Person des Schuldigen

gen abzuurteilen, er aber andererseits das Urteil ‚Todesstrafe' (V. 720) schon vorwegnimmt. Offen muss bleiben, ob der Kurfürst wirklich das Urteil schon vorwegnimmt, das Gericht also gar nicht unabhängig urteilen kann, oder ob er bloß den Tatbestand für so eindeutig erachtet, dass er nicht glauben kann, ein Gericht werde anders als auf Todesstrafe erkennen können.

Rolle des Gerichts?

Der eigentliche Grund für die Verärgerung des Kurfürsten ist seine Auffassung, ohne das vorzeitige Eingreifen der Reiterei hätte der schwedische Brückenkopf genommen werden können (V. 715–719). Dieses militärisch-strategische Argument spielt in der Auseinandersetzung des Kurfürsten mit Kottwitz (V,5) wieder eine Rolle. Der Obrist argumentiert dort, das Eingreifen des Prinzen sei notwendig gewesen, um den brandenburgischen Sieg zu garantieren.

Verärgerung aus militärischen Gründen

> „Hätt er auf deine Order warten wollen,
> Sie [die Schweden] fassten Posten wieder, in den Schluchten,
> Und nimmermehr hättst du den Sieg erkämpft."
> (V. 1534–36)

Der Kurfürst macht dagegen geltend, dass das Eingreifen des Prinzen die Truppen Hennings daran gehindert habe, den schwedischen Brückenkopf zu nehmen, was die Niederlage der Schweden noch viel vernichtender hätte ausfallen lassen. Interessant ist, dass der Kurfürst überhaupt militärische Argumente – und zudem sogar zweifelhafte: zunächst war die Erstürmung des Brückenkopfes ja gar nicht vorgesehen (V. 248–252) – ins Feld führt, um die Tat des Prinzen zu beurteilen. Und schon in V. 733 f. hat er das eigentliche, gleichsam staatspolitische Argument, wenn auch noch in verkürzter Form, ins Feld geführt, das eine Bestrafung des Prinzen verlangt. Er wolle einen militärischen Sieg nicht dem Zufall verdanken.

Staatspolitisches Argument

> „Mehr Schlachten noch, als die, hab ich zu kämpfen,
> Und will, dass dem Gesetz Gehorsam sei." (Ebd.)

An späterer Stelle erläutert er die Verbindung näher, die er hier zwischen den Schlachten herstellt, die das Vaterland unter seinem Befehl zu führen habe, und dem „Gesetz“, worunter wohl die bedingungslose Befolgung seines Herrscherwillens verstanden werden muss:

> „Den Sieg nicht mag ich, der, ein Kind des Zufalls,
> Mir von der Bank fällt; das Gesetz will ich,
> Die Mutter meiner Krone, aufrecht halten,
> Die ein Geschlecht von Siegen mir erzeugt.“
> (V. 1566–69)

Gesetz verbürgt den Sieg

Das Gesetz ist nach Auffassung des Kurfürsten nicht bloßer Selbstzweck oder ein bloß angestammtes Recht, das er grundlos einfordern darf, sondern die Vorbedingung eines wehrhaften und erfolgreichen Staates. In diesem Sinne auch spricht er Natalie gegenüber von den Folgen für das Vaterland, die er bei der Frage im Auge haben müsse, ob er den Spruch des Gerichts unterdrücken und den Prinz begnadigen könne. Obwohl ernste Zweifel an der Unabhängigkeit dieses Gerichts aufkommen können, beruft sich der Kurfürst auf den Spruch des Kriegsgerichts. Er will darauf verweisen können, dass er nicht als Alleinherrscher gehandelt hat, sondern dass er seine Befehlsgewalt rechtmäßig als angestammter oberster Souverän und Beschützer des Vaterlandes ausgeübt hat, hat doch das Gericht mit seinem Urteil gegen den Prinzen zugleich die oberste Befehlsgewalt des Kurfürsten bestätigt.

Gericht bestätigt Recht des Kurfürsten

Dem Kurfürsten geht es aber auch nicht um eine bloß formale Einhaltung der „Satzung“, wie die Offiziere noch in II,10 vermuten (V. 774), denn dann hätte er nach einem Schuldspruch der Militärrichter und der damit erfolgten Bestätigung seiner Rechte den Prinzen ohne Weiteres begnadigen können. Stattdessen lässt er sich, wie wir in V. 881–885 erfahren, das Todesurteil zur Unterschrift vorlegen, und bis zur Szene IV,1 deutet nichts darauf hin, dass er das Urteil aus Gründen der Staatsräson, wie er sie versteht, nicht auch vollstrecken ließe. Warum dann aber plötzlich in IV,1 seine Bereitschaft, den Prinzen freizulassen bzw. diesen selbst zur Entscheidung aufzurufen? Als er davon erfährt, wie „unheldenmütig" der Prinz um Gnade gefleht habe (V. 1171–73), ist er äußerst erstaunt, später gar verwirrt. Was hier in Verwirrung gerät, ist nicht nur seine persönliche Einschätzung des Prinzen, den er sich als ‚Feigling' gar nicht vorzustellen vermag, sondern auch sein Staats- und Selbstverständnis. Ihm scheint im Verhalten des Prinzen die Überzeugung zum Ausdruck zu kommen, dass nicht das ‚Gesetz' des Staates, sondern allein das Lebensglück des Einzelnen den obersten Wert menschlichen Handelns darstellt. Offenbar kann der Kurfürst keinen Menschen zum Tod verurteilen, der seine Strafe als Akt überpersönlicher Gerechtigkeit ernsthaft in Frage stellt. Erst in der Tatsache, dass er dem Prinzen die Entscheidung selbst überlässt, wird die Ernsthaftigkeit seiner Überzeugung unwiderleglich, seine Rechte als Souverän nicht in der Art eines Alleinherrschers auszuüben, sondern nach Recht und Gesetz im Namen seiner Untertanen zu regieren, die ihm gleichsam durch einen ungeschriebenen ‚Gesellschaftsvertrag' dieses Recht übertragen haben. Der Kurfürst setzt also mit der Entscheidung, den Prinzen in eigener Sache zum Richter zu machen, zugleich seine eigene Autorität aufs Spiel.

Verwirrung des kurfürstlichen Selbstverständnisses

Kurfürst stellt sein Recht auf die Probe

Warum dann aber letztlich doch die Begnadigung des Prinzen, obschon dieser sowohl in seinem Antwortbrief als auch in V,7 vor den versammelten Offizieren bereit ist, „das heilige Gesetz des Kriegs […] durch einen freien Tod [zu] verherrlichen", und damit genau das Gegenteil dessen tut, weswegen ihn der Kurfürst in IV,1 sofort begnadigen wollte. Die Beantwortung dieser Frage hängt sicherlich mit dem Zeitpunkt der Begnadigung zusammen, obschon aus dem Text nicht eindeutig hervorgeht, wann genau der Kurfürst sich zur Begnadigung entschließt. Er lässt sich unmittelbar nach der Lektüre von Homburgs Brief das Todesurteil kommen – der Text vermerkt übrigens nicht, zu welchem Zeitpunkt die Papiere, derer sich der Kurfürst in V,9 bedient, überbracht werden –, aber zu welchem Zweck, ist nicht ersichtlich.

Begnadigung nach der Unterredung mit den Offizieren

Auf jeden Fall, und dies ist bedeutsam, wartet er mit seiner Entscheidung, bis die Unterredung mit den Offizieren (V,5) vorüber ist. In dieser Unterredung, die in großer Ernsthaftigkeit geführt wird, plädiert Kottwitz im Wesentlichen für eine aus der Empfindung für das Vaterland und seinen Souverän sich speisende Gefolgschaft freier Männer; wichtig sei nicht der Buchstabe des Gesetzes, sondern der gemeinsam errungene Erfolg für das Vaterland:

> „Was kümmert dich, ich bitte dich, die Regel,
> Nach der der Feind sich schlägt: wenn er nur nieder
> Vor dir, mit allen seinen Fahnen, sinkt?
> Die Regel, die ihn schlägt, das ist die höchste!"
> (V. 1575–78)

Hohenzollern will gar die Mitschuld des Kurfürsten am Vergehen des Prinzen nachweisen, da dieser mit seinem ‚Scherz' am Abend vor der Schlacht das Fühlen und Handeln des Prinzen aus dem Gleichgewicht gebracht habe. Obschon der Kurfürst beide Argumente zurückweist, bleiben sie doch nicht ungehört. Haben ihn also doch die Argumente seiner Offiziere bewogen, die Schuld des Prinzen mit milderen Augen zu betrachten und ihn zu begnadigen?

Der Prinz bestätigt Autorität des Kurfürsten

Entscheidende Bedeutung gewinnt dafür wohl die Szene V,7. Der Prinz selbst bekennt sich vor den versammelten Offizieren zu seiner Schuld (V. 1770), er nennt „Trotz" und „Übermut" die „verderblichsten der Feind' in uns" (V. 1757 f.) und will „das heilige Gesetz des Kriegs" durch seinen „freien Tod verherrlichen". Die Szene endet gar mit einer persönlichen Versöhnung zwischen dem Prinzen und seinem Souverän: Der Kurfürst küsst den Prinzen zweimal und erhebt ihn, nachdem er seiner Bitte nach Fortführung des Kampfs entsprochen hat. Es ist dies eine Aussöhnung des freien, nach seinen Empfindungen handelnden Individuums, als das der Prinz in den ersten beiden Akten erscheint, mit den Normen des Gemeinwesens, in dem es lebt; und es ist dies doch auch ein Sieg des Kurfürsten und seiner Vorstellung einer gesetzmäßigen, d. h. auf seiner patriarchalischen Autorität beruhenden Staatsführung. „Die Schule dieser Tage“ (V. 1822) wird aber nicht nur dem Prinzen, sondern der ganzen militärischen Elite des Staates zuteil, deren Argumente und Widerspruch zwar vom Kurfürsten ernst genommen, jedoch vor dem Schuldbekenntnis des Prinzen zunichte werden. Erst jetzt, also nach der öffentlichen Bestätigung seiner Autorität und seines Rechts durch den Beschuldigten selbst, kann der Kurfürst im Angesicht neuer militärischer Aufgaben den Prinzen begnadigen und dadurch seinerseits ein Zeichen der Aussöhnung zwischen Staatsgewalt und Individuum setzen.

Begnadigung als Zeichen der Versöhnung

Bemerkenswert ist auch die Wandlung des Prinzen und seiner Einstellung zum Gesetz, das er gebrochen hat. Nach seiner Verhaftung, die ihn jäh aus seinen Blütenträumen von Schlachtenruhm und persönlichem Glück reißt, lässt er sich zu einer Schmähung des Kurfürsten hinreißen (V. 777–788). Im Beharren auf dem Gesetz kann er nur einen Mangel an „Edelmut und Liebe“ und eine menschenverachtende formalistische Rechtsauffassung erkennen. Auch noch nach dem Prozess erscheint ihm sein Vergehen nur als ein Fehler, „der Brille kaum bemerkbar“, und er hofft auf die Gunst des Kurfürsten, die ihm schon so oft zuteil wurde. Erst als er die staatspolitische Dimension seines ‚Falls‘ erkennt, d. h. fälschlicherweise glaubt, seine Person stünde durch seine Verbindung zu Natalie einer ‚heiratspolitischen‘ Lösung des Kriegs im Wege, kommen ihm erste Zweifel bezüglich der erwarteten Begnadigung, die sich schließlich in III,5 zu ‚unheldenmütiger‘ Todesangst steigern.

Als er jedoch seine Fassung wiedergewonnen hat, handelt er ganz seiner Rolle als brandenburgischer Feldherr gemäß. Zum Richter in eigener Sache berufen, erkennt er seine Schuld an (V. 1358, 1382) und bestätigt damit in freier Entscheidung das Gesetz, nach dem er gerichtet wurde. Mehr noch als die Einsicht in die Rechtmäßigkeit der bestehenden Ordnung bewegt ihn dabei ein Gefühl von Stolz und Würde:

Schuldbekenntnis

„Ich will ihm, der so würdig vor mir steht,
Nicht, ein Unwürdger, gegenüberstehn!"
(V. 1380 f.)

In V,7 spricht er wieder von seiner Schuld; die bestehende Ordnung erhebt er nun gar zum „heiligen Gesetz des Kriegs". Der Prinz handelt hier mehr als nur ehrenhaft, der Konvention entsprechend: Er unterwirft sich vielmehr aus freiem Willen dem Gesetz; er erstrebt zudem die persönliche Versöhnung mit dem Kurfürsten, als dessen Rechtsspruch er das Todesurteil erkennt; er stellt schließlich eine Beziehung her zwischen seiner Unterwerfung unter das Gesetz und der Fortführung des vaterländischen Existenzkampfes und bestätigt damit die Auffassung des Souveräns von der Beziehung zwischen kurfürstlicher Autorität und dem militärischen Erfolg des Vaterlandes.

Wandlung des Prinzen

Unterwerfung unter das Gesetz

Auch die Beziehung des Prinzen zu dem Gemeinwesen, dem er als Offizier dient, erfährt durch seinen Prozess eine bedeutsame Veränderung. Im ersten und zweiten Akt dient ihm seine Rolle als Feldherr lediglich als ein Mittel zu persönlichem Ruhm und Glück, so, wenn er in seinem ersten Monolog (I,6) eine Beziehung zwischen dem allegorisch angesprochenen „Glück" und dem „Feld der Schlacht" herstellt, auf dem er es zu erhaschen gedenkt. In V,7 jedoch stellt er seine Existenz bedingungslos unter das kriegerische Gesetz des Staates; den ‚Segen' des Glücks, den er in V. 363 für sich selbst erhofft, erbittet er in V. 1795 für den Kurfürsten als den berufenen Lenker des Staates. Gleichwohl ist sein Verlangen nach Ruhm auch hier noch nicht erloschen, sein Tod erscheint ihm als ein ‚Triumph', mit dem Beiwort ‚glorreich' versehen (V. 1755, 1758). In V,10 schließlich heißt es: „Nun, o Unsterblichkeit, bist du ganz mein" (V. 1830), wobei Unsterblichkeit hier nicht das Weiterleben nach dem Tode, sondern den unvergänglichen Ruhm meint, den er durch seinen frei gewählten ‚Opfertod' für das Vaterland glaubt erringen zu können.

‚Segen' für den Staat statt für sich selbst

Die Ambivalenz des Todes

Bis weit in unser Jahrhundert war die Szene III,5 der einseitig ‚vaterländischen' Rezeption des Stücks ein Stein des Anstoßes. Ein preußisch-brandenburgischer General, der vor Angst schlottert und eine unehrenhafte Entlassung einem ehrenvollen Tod vorzieht, das war eine Provokation für eine Gesellschaft, für die das Vaterland und militärische Gesinnung oberste Werte darstellten. Kaiser Wilhelm II. (1859–1941), der den *Prinzen von Homburg* als sein Lieblingsstück bezeichnete, empfahl gar, die ganze Szene kurzerhand zu streichen. Dabei steht diese Szene an einer zentralen Stelle des Stücks und ist für dessen umfassende Deutung von entscheidender Bedeutung. In kaum einem ‚klassischen' Drama, das doch meist mit dem Tod des Protagonisten endet, wird der Tod so in seiner Unerbittlichkeit thematisiert wie in Kleists Schauspiel. Dabei zeigt das Stück eine Gesellschaft, der der Tod als Tod in der Schlacht eine alltägliche Erfahrung ist. Die Realität des Todes wird ambivalent dargestellt, d. h. das Stück eröffnet unterschiedliche, ja widersprüchliche Perspektiven auf die Realität des Todes, zeigt gegensätzliche Haltungen zu diesem elementaren Ereignis menschlicher Existenz.

Unerbittlichkeit des Todes als zentrales Thema

In Szene II,2 ist das Bewusstsein der Todesnähe aus dem Denken und Handeln der Offiziere ausgeblendet; der Kampf mit dem Gegner erscheint als Wettstreit, dessen möglicherweise tödlicher Ausgang wie selbstverständlich hingenommen wird. Thematisiert wird das Sterben erst in II,5 und in II,8. In Szene II,5 erfährt die Kurfürstin vom angeblichen Tod ihres Gatten. Sie versucht, diesem Ereignis gegenüber ihre Fassung zu bewahren, und lässt sich ausführlich von Mörner Bericht erstatten, bevor sie, von Schmerz überwältigt, in Ohnmacht fällt. In Szene II,8 schildert Graf Sparren die selbstlose Tat des Stallmeisters Froben, der, um den Kurfürsten vor dem Tod zu bewahren, mit diesem die Pferde getauscht und sich dadurch zur Zielscheibe des feindlichen Feuers gemacht hat. Sein Sterben wird als „Opfer" (V. 676) bezeichnet,

Konventionen des Umgangs mit dem Sterben

später (II,10) wird ihm mit dem düsteren Pomp von Staatsbegräbnissen die letzte Ehre erwiesen. Das Verhältnis zu Tod und Sterben bleibt hier ganz den Konventionen verhaftet; der Tod erscheint als Ereignis, dem gegenüber man persönlich die ‚Fassung' zu bewahren hat oder das man in ritualisierten Formen öffentlich feiert.

Todesfurcht-Szene stellt die Konventionen in Frage

Das Außergewöhnliche von Szene III,5 besteht darin, dass der Prinz in seiner Todesangst alle Konventionen übergeht und ganz ‚fassungslos' erscheint. Der Anblick seines eigenen Grabes hat ihn in die existenzielle Grenzsituation der Todesnähe gestellt. Es scheint so, als habe er bislang in seinem unbändigen Drang nach Ruhm und Glück die Möglichkeit des Todes verdrängt; umso radikaler nun seine Verzweiflung, als er mit der Unerbittlichkeit des eigenen Todes unmittelbar konfrontiert wird.

Der Tod als nackte Tatsache

Die ebenso banale wie brutale Wirklichkeit einer von Kugeln durchbohrten Brust und eines unwiderruflichen Abschieds vom Leben ist durch keine Sinndeutung zu überhöhen. Im Angesicht des Todes wird der Lebenswille des Prinzen, sein Leben-Wollen um jeden Preis, übermächtig.

Instinktiver Lebenswille

Dieser instinktive Lebenswille – und das macht ihn einem ‚vaterländischen' Publikum so anstößig – fragt nicht mehr nach Ruhm und Ehre (V. 1003 f.), ja selbst auf die Liebe zu Natalie wäre der Prinz zu verzichten bereit. Dieser Lebenswille des Prinzen ist nicht schlichtweg die Kehrseite einer ganz unverständlichen Feigheit, sondern kann auch als Ausdruck der Überzeugung verstanden werden, dass das Leben des einzelnen Menschen über jeder normativen Ordnung steht, die vom Einzelnen den Einsatz seines Lebens fordert.

‚Barbarei' des Gesetzes

Vor der Angst und dem Lebenswillen des Prinzen erhält auch das Gesetz Züge des Barbarischen und des Unrechts.

Dies ist jedoch nicht das letzte Wort. Der Prinz gewinnt seine Fassung wieder, als Natalie verspricht, sich für ihn einzusetzen, und ihn zugleich an das ‚Grab' erinnert, das ihm schon ‚tausendmal die Schlacht gezeigt' habe (V. 1057). Später (Szene IV,3) erleben wir einen Prinzen, dessen Verhältnis zum Tod sich radikal geändert hat. Er begehrt nicht mehr auf gegen die Sterblichkeit:

> „Das Leben nennt der Derwisch eine Reise,
> Und eine kurze. Freilich! Von zwei Spannen
> Diesseits der Erde nach zwei Spannen drunter."
> (V. 1286–88)

Stoische Hinnahme des Todes

Aus diesen nüchternen, fast sarkastischen Versen des kurzen Monologs spricht die stoische Gelassenheit eines Menschen, der seine Todesangst überwunden und sich mit der Unabänderlichkeit seines Sterbens so weit ausgesöhnt hat, dass er vor der konkreten Möglichkeit des Todes nicht mehr zurückschreckt. Die Todesfurcht war für den Prinzen jedoch weit mehr als eine nur vorübergehende menschliche Schwäche; sie hat ihn zuallererst in die menschliche Grenzsituation der Todesnähe geführt, die er in der Schlacht nie durchlebt hat. Erst die bewusste Konfrontation mit dem Tod durch die Angst erlaubt es ihm, sich in einer Grenzsituation zu bewähren, ein bewussteres Verhältnis zu seinem Leben, das jetzt auch die Möglichkeit des Todes einschließt, zu gewinnen und damit auch die Todesangst zu überwinden.

Grenzsituation der Todesnähe

Es ist keineswegs der Glaube an ein Weiterleben nach dem Tode, der ihm den Entschluss, den Tod zu erleiden, erleichtert. Spricht schon aus dem Monolog in Szene IV,3 eine deutliche Skepsis gegenüber der Idee der persönlichen Unsterblichkeit, so wird dieser Eindruck bestätigt durch den dritten Monolog (V,10). Die Nähe des Todes erzeugt beim Prinzen zwar eine euphorische Stimmung, aber die Unsterblichkeit, die er hier anspricht (V. 1830), ist nicht die Unsterblichkeit seiner Seele, sondern der unvergängliche Sieg, den er dadurch zu erringen glaubt, dass er sein Leben für einen ideellen Wert, „das heilige Gesetz des Kriegs", hinzugeben bereit ist.

Skepsis gegenüber der Unsterblichkeit

So wie ein Abschied zweier sich liebender Menschen ihre Gefühle füreinander besonders intensiv werden lässt, so werden auch die sinnlichen Erfahrungen des Prinzen in der Gewissheit seines Todes, des Abschieds von der Welt, besonders intensiv: Er bemerkt den lieblichen Duft der Blumen im Garten, und es kommt zu einem merkwürdig fremd anmutenden, von lyrischer Schönheit geprägten, kurzen Dialog über Blumen

Intensität sinnlicher Erfahrungen

(V. 1840–45), eine Parallelstelle zu den Versen 46–58, in denen der Kurfürst sich nach der Herkunft des Lorbeers in seinem Garten erkundigt. Jetzt, am Ende des Stücks, ist nicht mehr das Streben des Prinzen nach persönlichem Ruhm und Glück ein Gegenstand des Scherzes für die Hofgesellschaft: Sein Entschluss, sein Leben für die Gemeinschaft, deren Regeln er verletzt hat, hinzugeben, wird zum Anlass, ihn als „Helden" zu verehren.

Akt innerer Freiheit

So fragwürdig dieses ‚Gesetz' und der kriegerische Geist dieser Gemeinschaft uns heute auch anmuten mögen, so bleibt doch festzuhalten: Der Entschluss des Prinzen bedeutet weder nur die Rückkehr zu standesgemäßem Verhalten noch die Unterwerfung des Einzelnen und seines Willens durch eine barbarische Gesellschaft; es ist vielmehr der freie Entschluss (V. 1745, 1750–52), sich dem Gesetz der Gemeinschaft und ihres berufenen Führers, des Kurfürsten, zu unterwerfen, um so eine Versöhnung zwischen Herrscher und Gefolgschaft zu bewirken. Der Entschluss des Prinzen ist nicht nur deshalb frei, weil der Kurfürst ihn gleichsam zum Richter in eigener Sache bestellt, sondern auch deshalb, weil der Prinz die Grenzerfahrung des nahen Todes gemacht hat: Gegenüber seiner Todesangst haben sich alle Lebensziele, die subjektivem Ehrgeiz und Glücksverlangen entsprangen, als nichtig erwiesen; die Überwindung der Angst und seine Bereitschaft, den Tod als Grenze seines Lebens furchtlos zu akzeptieren, haben ihm die innere Freiheit beschert, über sein Leben frei verfügen und es deshalb auch für eine überpersönliche Wertordnung, das Vaterland und sein ‚heiliges Gesetz des Kriegs', hingeben zu können.

Mit seiner Entscheidung gesteht der Prinz zu, dass dem ‚Leben' des Vaterlandes der Vorrang gegenüber dem Leben des Einzelnen gebührt, nicht zuletzt deshalb, weil erst die Stärke des Vaterlandes ein gesichertes Leben der Einzelnen ermöglicht. „Nun sieh, jetzt schenktest du das Leben mir" (V. 1794), sagt er zum Kurfürsten, als dieser die Fortsetzung des Krieges gegen die schwedischen Invasoren zugesteht, obschon er doch diesen Schritt mit seinem Leben zu erkaufen bereit ist. So befremdlich solches Denken aus heutiger Sicht auch erscheint, so lässt doch das Stück keinen Zweifel an der Ernsthaftigkeit einer solchen Vorstellung, die weitaus mehr ist als die Verherrlichung eines autoritären Staatsverständnisses. Zum einen wird durch die Todesfurcht-Szene die Grausamkeit, die das Opfer des einzelnen Lebens für die Gemeinschaft immer auch bedeutet, nicht unterschlagen – momentweise erscheinen die Lebensansprüche des Einzelnen gar als legitim –; zum anderen ist die Überzeugung des Prinzen nicht Übernahme einer Konvention, sondern Resultat eines Läuterungsprozesses zu einer entscheidungs- und verantwortungsfähigen Persönlichkeit. Durch die Entscheidung des Kurfürsten, den Prinzen als Richter in eigener Sache zu berufen, wird das Gesetz des Staates, das vom Einzelnen den Einsatz des Lebens fordern kann, an die Zustimmung dieser Einzelnen gebunden und gewinnt den Charakter einer ideellen vertraglichen Vereinbarung zwischen freien Menschen.

Resultat der Grenzerfahrung

Träume und Utopien

Der Prinz als „Träumer"

Der Prinz erscheint in diesem Stück als „Träumer" (V. 1660) und Schlafwandler (I,1–4) – was dem vaterländisch gesinnten Publikum nicht weniger suspekt war als seine Todesfurcht. Kleist hat sich eingehend mit dem Phänomen des Somnambulismus (Schlafwandelns) und den verwandten psychischen Erscheinungen beschäftigt, und es kann kein Zweifel daran bestehen, dass die Darstellung des Prinzen als Träumer nicht nur eine Arabeske, sondern vielmehr thematisch bedeutsam ist. Dies ist schon daraus zu entnehmen, dass sich nicht nur der Begriff des ‚Traums' als Leitmotiv durch das ganze Stück zieht, sondern auch die Eröffnungsszenen (I,1–3) Parallelszenen am Schluss des Stücks (V,10–11) finden.
Der Begriff des ‚Traums' vereinigt zwei Bedeutungskomponenten. Das Erlebnis des Träumens hat, vom Standpunkt des Wachbewusstseins, den Charakter der Nicht-

Wirklichkeit. Geträumte Ereignisse haben als Phantasieprodukte keinen unmittelbaren Realitätsgehalt. Umgekehrt können Erfahrungen des Wachbewusstseins als Traum anmuten, wenn sie den Charakter der Unwirklichkeit im Sinne der Unwahrscheinlichkeit aufweisen; so fragt der Prinz nach seiner Verhaftung, deren Möglichkeit ihm ‚im Traume' nicht eingefallen wäre, entgeistert: „Träum ich? Wach ich? Leb ich? Bin ich bei Sinnen?" (V. 765)

Der Traum als Nicht-Wirklichkeit

Die zweite Bedeutung von ‚Traum' liegt in der Vorstellung einer anderen, den eigenen Wünschen angemesseneren Wirklichkeit. Diese Vorstellung (etwa der ‚Traum vom großen Glück') ist nicht an den Zustand des Träumens gebunden, kann sich jedoch, ja soll sich sogar im Bereich der allen Menschen zugänglichen Realität erfüllen. Beide Bedeutungen von ‚Traum' stimmen darin überein, dass sowohl das ‚Geträumte' wie das ‚Erträumte' den Charakter der Unwirklichkeit, also mangelnder objektiver Realität aufweisen.

Der Traum als Wunsch nach anderer Wirklichkeit

Beide Bedeutungen des Traums sind im Kleist'schen Drama relevant; das Stück erscheint als Vexierspiel zwischen Traum und Wirklichkeit wie auch als Spiel über Träume und die Möglichkeit ihrer Verwirklichung. Gleich zu Beginn, in Szene I,1, kommen beide Aspekte des Traums zur Geltung. Obschon der Prinz mit seiner Umgebung kommuniziert, befindet er sich im Zustand des Schlafs und wird sich später (I,4) an das Vorgefallene wie an einen Traum, d. h. etwas Unwirkliches, erinnern. Gleichzeitig finden in diesem halb bewussten Traumzustand aber auch die geheimsten Träume und Wünsche des Prinzen ihren Ausdruck: Ruhm und Ehre in der Geste des Kranzwindens und Natalie als Gegenstand seiner Liebe im ‚Krönungsspiel' des Kurfürsten. Der Traumzustand erscheint als Schlüssel zum Unterbewusstsein des Prinzen, zu demjenigen verborgenen seelischen Bereich, der sein Handeln bestimmt. Erst der Träumende findet den Zugang zum innersten Kern seiner (Wunsch-)Träume, enthüllt sie aber auch zugleich den anderen; der schlafwandelnd-träumende Prinz spricht Natalie als

Vexierspiel zwischen Traum und Wirklichkeit

„Mein Mädchen! Meine Braut!“ an, der Erwachte vermag sich nicht einmal an ihren Namen zu erinnern.

‚Krönungsspiel' in ‚Traum' und ‚Wirklichkeit'

Das ‚Krönungsspiel‘, die Übergabe der goldenen Kette des Kurfürsten an Natalie und die ‚Krönung‘ des Prinzen mit einem Lorbeerkranz durch Natalie, ist ein Vorgang von außerordentlicher symbolischer Bedeutung, der in engem Zusammenhang mit der Thematik des Traums zu sehen ist. Der Vorgang findet zweimal statt: In I,1 erlaubt sich der Kurfürst einen Scherz. Vor dem entscheidenden Moment wird der Vorgang durch das Zurückweichen des Kurfürsten und Natalies abgebrochen, und der Kurfürst schleudert dem verzückt näher tretenden Prinzen sein dreimaliges „Ins Nichts!“ sowie den Satz entgegen: „Im Traum erringt man solche Dinge nicht!“ (V. 92) In Szene V,11 vollzieht sich dann mit feierlichem Ernst die ‚Heldenkrönung‘, die mit der Apotheose des Prinzen endet. In gewissem Sinne ließe sich sagen, dass der Ruhm und die Aufnahme in die Herrscherfamilie, die der Prinz sich in Szene I,1 bloß erträumt, dem Prinzen in V,11 zuteil wird. Dabei ist jedoch zu bedenken, dass dasjenige, was der Prinz sich in I,1 erträumt, keineswegs mit derjenigen ‚Unsterblichkeit‘ gleichzusetzen ist, die er vor der zweiten, realen ‚Krönung‘ erreicht zu haben glaubt. Bemerkenswert ist auch, dass dem Prinzen beide ‚Krönungen‘, obschon doch reale Vorgänge, als Traum erscheinen: In I,4 erzählt er Hohenzollern das Geschehene als Traumerlebnis, und in V,11 reagiert er auf seine Krönung mit der ungläubigen Frage: „Nein, sagt! Ist es ein Traum?“ (V. 1856)

Traum als Wirklichkeit (I,4) / Wirklichkeit als Traum (V,10/11)

In Szene I,4 wird der von Natalie erhaschte Handschuh zum entscheidenden Anstoß, die ihm bloß geträumt erscheinende Wirklichkeit als objektive Realität anzusehen. Spätestens nachdem Natalie in I,5 ihren Handschuh wiedergefunden hat, ist ihm zur Gewissheit geworden, dass seine subjektiven Wünsche sich erfüllen werden, da sich sein ‚Traum‘ als Wirklichkeit herausgestellt hat. Die Wirklichkeit wird ihm zur Verheißung seines persönlichen Glücks, und er ist fest entschlossen, sich dieses Glück nicht entgehen zu lassen:

> Heut, Kind der Götter, such ich, Flüchtiges,
> Ich hasche dich im Feld der Schlacht und stürze
> Ganz deinen Segen mir zu Füßen um:
> Wärst du auch siebenfach, mit Eisenketten,
> Am schwedschen Siegeswagen festgebunden!"
> (V. 361–365)

Wirklichkeitsblindheit des Prinzen

Wirklichkeit als Mittel zum persönlichen Glück

Lossagung von allen Träumen

Gerade dieses sich in der Wirklichkeit zu erfüllen scheinende Verlangen nach Glück, Ruhm und Liebe macht den Prinzen jedoch im zweiten Akt nahezu blind für die Wirklichkeit: Er setzt sich über die Order des Kurfürsten hinweg und nutzt dessen vermeintlichen Tod für eine Liebeswerbung um Natalie. Seine Wirklichkeitsblindheit droht sogar, in Selbstgerechtigkeit und Überheblichkeit umzuschlagen: Die Wirklichkeit und mit ihr die militärische und politische Ordnung, deren Funktionsträger er ist, sind ihm zum bloßen Mittel der Erreichung seines privaten Lebensglücks geworden.
Vor der grausamen Wirklichkeit seines bevorstehenden Todes sagt der Prinz sich von allen persönlichen Wunschträumen los; und auch, als er seine Fassung wiedergefunden hat, haben diese Träume keinen Einfluss mehr auf sein Handeln. Nach der Überwindung seiner Todesangst vermag er sich der unerbittlichen Wirklichkeit des Kriegsgesetzes mit stoischer Gelassenheit zu stellen; jetzt erscheint ihm seine Begnadigung, die er doch in Szene III,1 in seiner Wirklichkeitsblindheit als sicher erachtet hat, nur noch als „Traum" (V. 1305), als ein im Rahmen dieser Wirklichkeit ganz unwahrscheinliches Ereignis. Mehr noch: Vom Kurfürsten zur Entscheidung in eigener Sache aufgerufen, unterwirft er sich aus freiem Willen den Gesetzen der Gemeinschaft und sagt sich dadurch demonstrativ von seinen Träumen vom persönlichen Lebensglück los. Das maßlose Erstaunen des Prinzen über die dann doch noch erfolgende ‚Krönung' und die damit verbundene Erfüllung seiner ursprünglichen Träume vom Lebensglück, die für ihn jetzt wieder den Charakter des Traums im Sinne der Unwirklichkeit („Nein, sagt! Ist es ein Traum?") annehmen, macht deutlich, dass die Wirklichkeit des Kriegsgesetzes, die der

Prinz durch seine Entscheidung bekräftigt hat, eine solche Wendung der Dinge als reale Möglichkeit eigentlich nicht enthält. Zweideutig schließlich ist die Antwort, die Kottwitz dem Prinzen gibt, bezeichnenderweise in Form einer Gegenfrage: „Ein Traum, was sonst?" Diese Antwort kann, im Zusammenhang der szenischen Handlung, als ironische Replik auf die Frage des erstaunten Prinzen verstanden werden, bestätigt sie doch den Traumcharakter einer unzweifelhaft stattfindenden Wirklichkeit. Sie kann aber auch eine Bedeutung gewinnen, die über den Gang der Handlung hinausweist und die zweite Bedeutung von ‚Traum', den Wunsch nach einer besseren Wirklichkeit, mit einschließt. Wenn die Entscheidung des Prinzen als freiwilliger Akt der Unterwerfung des freien Individuums unter das Gesetz des Staates verstanden werden kann, gar als Aussöhnung des Einzelnen mit dem Leben der Gemeinschaft und mit dem Herrscher als berufenem Führer der Gemeinschaft, so mag die Begnadigung ihrerseits als Aussöhnung des Herrschers und damit der staatlichen Autorität, die er vertritt, mit dem Einzelnen, der seinem Befehl unterstellt ist, angesehen werden. Es mag hier momentweise eine höhere Ordnung zum Vorschein kommen, wie sie Natalie schon in Szene IV,1 hat anklingen lassen:

Versöhnung des Spiels in der Wirklichkeit ein ‚Traum'

> „Das Kriegsgesetz, das weiß ich wohl, soll herrschen,
> Jedoch die lieblichen Gefühle auch."
>
> (V. 1129 f.)

Es ist dies eine Ordnung, die nicht nur durch die herrschenden Gesetze bestimmt ist, sondern durch die gefühlsmäßige Bindung von Herrscher und Gefolgschaft ihren Sinn erhält und der die Gesetze Mittel zum Zweck sind, den Geist der Gemeinschaft zu erhalten. Ist aber eine solche Ordnung, wie sie in der Begnadigung des Prinzen aufscheint, letztlich nicht nur ein (Wunsch-) Traum angesichts der im autoritären Staat des frühen 19. Jahrhunderts herrschenden Ordnung, die Utopie einer besseren Gesellschaftsordnung, wie der Dichter Kleist sie sich erträumte?

Utopie einer humaneren Gesellschaft

Die Personen und ihre Konstellation

Der Prinz

Der Prinz als zentrale Figur

Stärker noch als in vielen klassischen Dramen sind alle Handlungselemente auf den Prinzen als zentrale Figur ausgerichtet. Trotzdem wird man zögern, im Prinzen ohne Weiteres einen Protagonisten im Sinne des klassischen Dramas zu sehen, wobei das untragische Ende des Stücks noch der geringste Grund für dieses Zögern ist. Im klassischen Drama gerät der Held durch seinen Charakter in Konflikt zu der Wirklichkeit, in der er zu handeln hat. Dabei ist sein Charakter, zu dem auch seine Wertvorstellungen gehören, ein ebenso eindeutiges wie unveränderliches Faktum, das alle Handlungen des Helden bestimmt. Der Prinz von Homburg erscheint jedoch als ‚gemischter' Charakter, d. h. als eine Figur, die widersprüchliche Charakterzüge aufweist und deren Wertvorstellungen sich im Laufe des Stücks verändern.

Der Prinz als ‚gemischter Charakter'

Die ersten Szenen des Stücks konfrontieren die objektive Welt des Hofes, in der der Prinz einen hohen Rang einnimmt, mit der subjektiven Innenwelt des Prinzen, seinen Gefühlen, Träumen und Wünschen. Zugleich charakterisieren sie den Prinzen als einen Träumer, einen Menschen, dessen Handeln sich weit mehr an gefühlsmäßigem Erleben als an objektiver Wirklichkeitserfahrung orientiert.

Offizier und Träumer

Die Wünsche und Träume des Prinzen, die in Szene I,1 im Zustand des Schlafwandelns zum Ausdruck kommen, sind der Traum vom Ruhm in der Schlacht und der Wunsch, Natalie, die Nichte des Kurfürsten, für sich zu gewinnen und dadurch Aufnahme in die kurfürstliche Familie zu finden. Diese Wünsche sind die innersten Antriebe seines Handelns. Sein Handeln, dies wird in den

Traum von Ruhm und Liebe

folgenden Szenen deutlich, wird also gar nicht von gesellschaftlichen Normen, moralischen Werten oder von durch seine Stellung als Offizier erforderten Sachentscheidungen bestimmt, sondern ausschließlich von seinem ganz privaten ‚Traum vom großen Glück'. So greift er nur deshalb in die Schlacht ein, weil er befürchtet – es ist schon Siegesgeschrei zu hören –, sein Anteil am Ruhm einer siegreich geführten Schlacht könne ihm entgehen. Diese Fixierung auf sein Lebensglück lässt ihn blind werden gegenüber den Anforderungen, die an ihn als Heerführer gestellt werden, ja lässt sein Handeln und seine Selbsteinschätzung nicht frei von Überheblichkeit erscheinen. Noch nach seiner Inhaftierung glaubt er, dass, gemessen an seinem ruhmreichen Sieg in der Schlacht, sein Vergehen nur ein geringfügiger Fehler sei und dass der Kurfürst sich am Wachstum seines „jungen Ruhms" (V. 833) fast noch mehr erfreue als er selbst und ihn deshalb mit Sicherheit begnadigen werde, obgleich doch alle Anzeichen gegen eine solche Entwicklung der Dinge sprechen. In Szene II,6 hat er sich, als er den Kurfürsten gefallen glaubt, gar als „Vollstrecker" des „letzten Willens" seines Souveräns gesehen und die Befreiung der Mark von allen Feinden binnen Jahresfrist in Aussicht gestellt. Wenig später wirbt er ganz offen um Natalie, wobei diese Werbung zwar in ‚konjunktivischer' Form geschieht, da eine solche Stunde eigentlich der Trauer gewidmet sein müsse, aber gleichwohl, wie seine Geste des Umarmens und Natalies Reaktionen zeigen, als Werbung verstanden wird, obschon doch die Zeit hierfür nicht schicklich ist. Seine Überzeugung, ein Glückskind zu sein, die sich durch die Ereignisse zu bestätigen scheint (‚Handschuh-Episode' in I,5), lässt in ihm sogar den Ehrgeiz erwachen, nach dem vermeintlichen Tod des Kurfürsten dessen Stellung für sich zu beanspruchen. Deshalb ist seine Reaktion auf die Nachricht, dass der Kurfürst lebt („Dein Wort fällt schwer wie Gold in meine Brust!", V. 638), keineswegs nur ein Ausdruck aufrichtiger Freude, sondern lässt auch ein deutliches Bedauern erkennen.

Wirklichkeitsblindheit und Überheblichkeit

Erst in der Todesfurcht-Szene (III,5) sagt der Prinz sich, um sein nacktes Leben zu erkaufen, von allen seinen Träumen nach persönlichem Glück los. Es scheint fast so, als habe die tiefe Verzweiflung, die Angst vor dem Tod und die damit verbundene Erfahrung der Begrenztheit seines Lebens ihm auch die Augen geöffnet für die auf seine Person begrenzte Tragweite und den übermäßigen Ehrgeiz seiner bisherigen Handlungsziele. Als er die Todesangst überwunden hat, vermag er zum ersten Mal zu erkennen, dass sein Handeln objektiv einer Gemeinschaft verpflichtet ist („Mir ziemts hier zu verfahren, wie ich soll!", V. 1375), der gegenüber er Schuld auf sich geladen hat. Er beugt sich nicht einfach der Übermacht des Gesetzes, das auf Tod erkannt hat, sondern er übernimmt, vom Kurfürsten zur Entscheidung aufgerufen, die volle Verantwortung für sein Tun, gesteht seine Fehler („Trotz" und „Übermut") ein – Fehler, die die Fehler eines Einzelnen waren, der seinen persönlichen Ehrgeiz über die objektiven Normen der Gemeinschaft gestellt hat – und ist bereit, mit der Gemeinschaft und ihrem Souverän versöhnt, die ihm zuerteilte Strafe zu erleiden. Der Prinz entwickelt sich so von einem selbstbezogenen, nur an seinem Lebensglück interessierten, jungen Mann zu einem verantwortungsfähigen, der Gemeinschaft verpflichteten militärischen Führer.

Begrenztheit des Lebens und der Lebensziele

Verantwortungsgefühl

Das Handeln des Prinzen ist nicht nur deshalb radikal subjektiv, weil es zu Beginn des Stücks ganz auf seine persönlichen Lebensziele hin orientiert ist, sondern vielmehr auch deshalb, weil er meist ganz aus dem Gefühl heraus handelt, sein Tun nur selten durch rationale Überlegungen bestimmt wird. Zum ‚gemischten Charakter' wird er dadurch, dass seine emotionale Gestimmtheit ganz unterschiedliche, gar widersprüchliche Ausprägungen annimmt, die ihm den Anschein unvereinbarer Charaktereigenschaften verleihen.

Handeln aus dem Gefühl heraus

In Szene I,1 erscheint der schlafwandelnde Prinz den anderen als ‚Rasender' und als ‚sinnverwirrter Träumer'. Der träumend-schlafwandelnde Prinz, der ganz in seine Innenwelt versunken scheint, reagiert doch auf das ‚Krö-

‚Sinnverwirrter Träumer'

nungsspiel', indem er Natalie, den Kurfürsten und die Kurfürstin als ,Braut', ,Vater' und ,Mutter' anredet. Dass er nur diese Menschen in seinem Traumzustand wahrnimmt, macht deutlich, wie sehr der Wunsch nach Nähe zu diesen Menschen sein Empfinden bestimmt. Auch als er in Szene I,4 mit Hohenzollerns Hilfe wieder in die ,Wirklichkeit' zurückfindet, ist er immer noch von dem überwältigenden Glücksgefühl seines ,Traums' durchdrungen, das in der Schilderung dieses ,Traums' nachklingt. Die „unaussprechliche Bewegung", die er empfunden hat, als die ihm unbekannte Dame, „gleich einem Genius des Ruhms" (V. 158), ihm den Kranz aufs Haupt setzen wollte, erfüllt ihn auch jetzt noch: An entscheidender Stelle seiner ,Traumerzählung' versagen ihm die Worte, und er vermag im Überschwang seines Glücksgefühls nur noch ein zweimaliges „O Lieber" hervorzubringen (V. 164). Als der Prinz in Szene I,5 – nachdem Natalie ,seinen' Handschuh als den ihrigen wiedererkannt hat – Grund zu der Annahme hat, dass seine Träume Wirklichkeit werden können, steht er wie vom Blitz getroffen da, geht dann mit triumphierenden Schritten in den Kreis der Offiziere zurück und versucht, statt auf die Ausgabe der Parole zu achten, Hohenzollern ,in großer Bewegung' durch ein heimliches Gespräch in die Geheimnisse seines Herzens einzuweihen (V. 327, 328). Das Gefühl, ein Kind des Glücks zu sein, das in seinem ersten Monolog (I,6) zum Ausdruck kommt, ist so dominierend, dass er phasenweise, fast wie in seinem Traumzustand in I,1, die Realität kaum noch wahrnimmt: In Szene I,5 wird deutlich, dass er den Sinn der an ihn ergangenen Order gar nicht verstanden hat, und in II,2 ist er völlig desorientiert über die Schlachtordnung. Als er in die Schlacht eingreifen will, stellt er der nicht ergangenen Order des Kurfürsten die ,Order des Herzens' gegenüber (V. 474 f.).

Glücksgefühl durch die Nähe geliebter Menschen

„Unaussprechliche Bewegung"

Gefühl, ein Glückskind zu sein

Order des Herzens

Widerständen gegen sein gefühlsbetontes Handeln begegnet der Prinz mit unvermuteten Aggressionen. So geht er mit physischer Gewalt gegen den jungen Offizier vor (II,2), der ihn wegen seiner Befehlsmissachtung ent-

Unvermutete Aggressionen

waffnen will; und als er selbst in II,10 unversehens entwaffnet wird, lässt er sich zu einer Schmähung des Kurfürsten hinreißen.

Gefühl als Instanz des Urteils

Das Gefühl ist für den Prinzen selbst eine Instanz des Urteils. Als Hohenzollern ihn in III,1 fragt, worauf sich seine Sicherheit gründe, vom Kurfürsten begnadigt zu werden, antwortet er: „Auf mein Gefühl von ihm“ (V. 868). Auch noch nach seiner Läuterung durch die Todesfurcht-Szene ist es weniger rationale Einsicht als vielmehr eine jetzt gewandelte „Stimmung“ (V. 1357), die ihn seine Schuld eingestehen lässt.

Todesangst

Ein ganz anderes, aber ebenso radikales Gefühl wie die anfängliche Euphorie des Glücks bestimmt ihn in der Todesfurcht-Szene (III,5). Er, der in vielen Schlachten dem Tod furchtlos gegenübergetreten ist, wird beim Anblick seines bereits ausgehobenen Grabes von tiefer Verzweiflung erfasst, eine Verzweiflung, die so groß ist, dass er seiner Stellung als Offizier, ja selbst seiner Liebe zu Natalie, allem also, das bisher seine Existenz ausgemacht hat, zu entsagen bereit ist, nur um sein nacktes Leben zu retten. Wie anders jedoch wieder seine Gefühlslage in Szene V,10, als er, den sicheren Tod vor Augen glaubend, in eine euphorische Stimmung versetzt wird („Nun, o Unsterblichkeit, bist du ganz mein“, V. 1830)! Diese Stimmungsumschwünge und ganz gegenläufigen Gefühle, durch die der Prinz zum ‚gemischten‘ Charakter wird, sind letztlich nicht wirklich zureichend erklärbar. Das euphorische Lebensgefühl des Anfangs (I,6) stellt sich beim Prinzen auch am Schluss (V,10) wieder ein, allerdings unter ganz anderen Vorzeichen. In I,6 steht das schier überwältigende Gefühl, ein Glückskind zu sein, alles von der Welt und dem Leben verlangen zu können.

Euphorie vor dem Tod

Unerklärbarkeit des Fühlens

Egozentrik

Dieses Gefühl kreist eigentlich nur um sich selbst; die Welt, die für ihn ein einziges Versprechen seines Glücks ist, wird vom Prinzen nur als Spiegel oder als Hindernis seines Glücksverlangens erlebt. Ganz anders in Szene V,10. Seine euphorische Stimmung ist hier diejenige eines Menschen, der mit der Welt die Rechnung gemacht hat und nichts mehr von ihr verlangt.

Dass das Verhalten des Prinzen durch ein starkes, ja radikales Gefühlsleben geprägt ist, bedeutet nicht, dass er gänzlich unfähig wäre zu vernünftigem Handeln oder zur nüchtern-sachlichen Beurteilung der Wirklichkeit. Gerade in seiner Todesangst erkennt er illusionslos die grausame Realität des Todes. So wie sein Werben um Natalie (II,6 und II,8) nicht frei ist von einer gewissen Zielstrebigkeit, so ist seine Bitte an den Kurfürsten um die Fortführung des Krieges auch ein gut inszenierter ‚großer Auftritt', der wichtigste Schritt zur Unsterblichkeit.

Rationalität des Prinzen

Der Kurfürst

Während das Handeln des Prinzen durch sein Gefühl bestimmt ist, zeichnet sich das Handeln des Kurfürsten durch staatsmännische Vernunft aus; ein solcher Gegensatz im Charakter beider Kontrahenten gilt jedoch nicht für alle Momente des Stücks und darf nicht zu einem starren Charakterschema verabsolutiert werden.

Der Kurfürst als Gegenspieler des Prinzen

Zweifellos wird die oben beschriebene Entwicklung des Prinzen im Wesentlichen durch die Entscheidungen des Kurfürsten bestimmt: dessen anfängliche Entschlossenheit, das Urteil vollstrecken zu lassen, wie auch später der Schachzug, den Prinz als Richter in eigener Sache zu berufen. Man kann hierin sogar einen Erziehungsprozess sehen, der aus einem nur seinen egoistischen Wünschen lebenden jungen Mann einen verantwortungsbewussten Heerführer werden lässt.

Der Kurfürst erscheint als der unbestrittene Mittelpunkt der Hofgesellschaft. In Szene I,5 erleben wir ihn als einen um das Wohl seiner Frau und seiner Nichte besorgten Hausvater, während der Feldmarschall den Offizieren den Schlachtplan des Kurfürsten diktiert. In dieser Szene werden somit zugleich die beiden Seiten der kurfürstlichen Autorität sichtbar: zum einen die des unumschränkten Befehlshabers, zum anderen die des, patriarchalisch zu verstehenden, Beschützers des Vaterlandes. Aus seinen Äußerungen spricht ein ungebroche-

Mittelpunkt der Hofgesellschaft

Befehlshaber und Beschützer

Identität von Herrscher und Staat

nes Verhältnis zu seiner wie selbstverständlich behaupteten Autorität; militärische Operationen gewinnen in seinen Worten mitunter den Charakter von privaten Handlungen: Schlachten hat *er* zu kämpfen (V. 733), er mag den Sieg nicht, der *ihm* als Kind des Zufalls von der Bank fällt, er spricht von *seiner* Krone und *seinen* Siegen (V. 1568 f.), so, als sei die ganze Maschinerie des Staates sein Privatbesitz. Dabei betont er an anderer Stelle, im Gespräch mit Natalie, dass es bei seinen Entscheidungen nicht auf seine Person ankomme, sondern dass das Wohl des Vaterlandes oberste Richtschnur seines Handelns sei (V. 1119–21). Obschon er über fast unbeschränkte Rechte verfügt und diese in patriarchalischer Weise auch in Anspruch nimmt, legt er größten Wert darauf, nicht als Tyrann, sondern nach Recht und Gesetz zu regieren. Dieses Selbstverständnis kann sich nur dadurch rechtfertigen, dass es von den seinem Willen unterworfenen Menschen als gerecht anerkannt wird, weshalb er auch den Prinzen als Richter in eigener Sache beruft.

Legitimistisches Selbstverständnis

Im Umgang mit seiner Familie fürsorglich, gar zärtlich, ist er doch in seinen öffentlichen Entscheidungen von fast kalter Unerbittlichkeit. So wendet er sich, nachdem er in Szene II,10 den Befehl zur Verhaftung des Prinzen gegeben hat, unbewegt der Musterung der erbeuteten Kriegsfahnen zu.

Unerbittlichkeit

Im fünften Akt erleben wir einen Kurfürsten, der unbeirrbar, fast gelassen auf die Durchsetzung seiner Autorität vertraut. Obschon das eigenmächtige Verhalten der Offiziere den Anschein einer bevorstehenden Rebellion erwecken könnte, ist er doch sicher, dass es seiner Autorität gelingen wird, eine solche Wendung der Dinge zu verhindern (V. 1412–24). Ungehört bleibt auch die eindringliche Bitte des Feldmarschalls, er möge, wenn er denn den Prinzen begnadigen wolle, dies unverzüglich tun, bevor die Offiziere den Gefangenen eventuell mit Gewalt befreien könnten. Da er sich im Recht glaubt und sich wenig später durch den Brief des Prinzen bestätigt fühlt, ist er entschlossen, die Auseinandersetzung mit seinen Offizieren aufzunehmen, ja er geht sogar so

Entschlossenheit

weit, die Loyalität der Offiziere in geradezu provozierender Weise auf die Probe zu stellen, indem er zu Beginn des Gesprächs vorgibt, er selbst habe Kottwitz' Regiment nach Fehrbellin beordert, um dem Prinzen die letzte Ehre zu erweisen. Die gesamte Szene V,5 erscheint im Hinblick auf die Szene V,7, in der der Prinz selbst vor den Offizieren seine Schuld eingesteht und durch seinen Tod die Rechtmäßigkeit des gegen ihn ergangenen Urteils unter Beweis zu stellen bereit ist, wie ein doppeltes Spiel des Kurfürsten.

Der Kurfürst stellt die Loyalität seiner Offiziere auf die Probe

Doppelspiel des Kurfürsten

Zum einen stellt er sich bereitwillig der Diskussion mit seinen Offizieren, prüft mit aller Sorgfalt die ihm unterbreitete Bittschrift und geht auch auf die Argumente der Offiziere ein; dabei erscheinen die Argumente der Offiziere sogar einleuchtender und überzeugender als die Gegenargumente des Kurfürsten – so wenn Kottwitz dem starren Legalitätsdenken des Kurfürsten die Empfindung freier Männer für das Vaterland entgegensetzt oder Hohenzollern, mit einigem Recht, die Mitschuld des Kurfürsten an des Prinzen Fehlverhalten behauptet.

Kottwitz' überzeugendes Argument

Zum anderen jedoch müssen alle diese Argumente, so berechtigt sie auch sein mögen, verblassen vor dem Schuldbekenntnis des Prinzen, das auch die Autorität des Kurfürsten und seinen Willen als oberstes Gesetz des Staates unanfechtbar werden lässt. Dieses Selbstopfer des Prinzen wird nicht nur zum Fanal für neue militärische Siege aufgewertet, es ist auch ein Sieg des Gesetzes und damit der Autorität des Souveräns. Dieser Sieg wird zwar von den Offizieren schweigend respektiert, aber immer noch grollt man dem Kurfürsten, wie Szene V,8 zeigt. Erst mit der tatsächlichen Begnadigung des Prinzen schlägt ihr kalter Respekt vor dem Willen des Herrschers um in tief empfundene Verehrung. Erscheint die Entscheidung des Kurfürsten, die Aussöhnung mit dem Prinzen und den Offizieren durch die Begnadigung des Prinzen von einer zuvor erfolgten eindeutigen öffentlichen Bestätigung seiner Herrscherrechte abhängig zu machen, auch als ein wohldurchdachter Schachzug, so ist doch sein Verhalten im Stück nicht immer von

Schuldbekenntnis des Prinzen entwertet Argumente

Staatsmännische Vernunft

solch überlegener ‚staatsmännischer Vernunft' geprägt, weshalb auch er einige Züge eines ‚gemischten' Charakters gewinnt.

Jähzorn

So fällt er aus Zorn und ohne die Folgen seines Tuns zu bedenken das Urteil, der Führer der Reiterei sei wegen seines Ungehorsams mit dem Tod zu bestrafen (II,9). Als er von der Todesangst des Prinzen erfährt (IV,1), gerät er

Verwirrung

gar in Verwirrung und will den Prinzen sogleich frei lassen, besinnt sich dann aber rasch und entschließt sich, die Freilassung an des Prinzen Meinung über die Rechtmäßigkeit des Urteils zu binden.

Vielleicht ist die letztendlich doch noch erfolgende Begnadigung des Prinzen ein Indiz dafür, dass auch das Staatsverständnis des Kurfürsten am Ende des Stücks

Entwicklung des Kurfürsten?

sich entwickelt hat; dass auch er aus der ‚Schule dieser Tage' gelernt hat, neben dem Kriegsgesetz auch den ‚lieblichen Gefühlen' ein gewisses Recht zuzubilligen.

Prinzessin Natalie

Sieht man im Prinzen den Protagonisten und im Kurfürst seinen Gegenspieler, kann man der Prinzessin eine

Vermittlerin zwischen Prinz und Kurfürst

vermittelnde Rolle zwischen beiden einräumen. Dies nicht nur deshalb, weil sie als Mitglied der kurfürstlichen Familie zugleich in einer besonderen, von Zuneigung geprägten Beziehung zum Prinzen steht, sondern auch, weil ihr Verhalten in mancher Hinsicht eine ganz eigenartige Synthese von Gefühlserleben und rational planendem Handeln, von persönlicher Glückserwartung und Respekt vor den Normen der Gemeinschaft darstellt.

Liebe zum Prinzen

In Szene II,6 gibt sie ihre Gefühle für den Prinzen zu erkennen, nicht zufällig in der Stunde, da sie ihren Onkel, der für sie die Bedeutung eines Vaters gewonnen hatte, verloren zu haben glaubt. Sie erweckt hier den Eindruck einer schwachen, schutzbedürftigen Frau, die nicht zuletzt aufgrund dieser Schwäche dem Werben des Prinzen so rasch nachgibt. Dass ihre Gefühle für ihn jedoch nicht nur aus dieser momentanen Schwäche resultieren, ja dass sie selbst auch Charakterstärke besitzt, wird in Szene III,5 deutlich. Ihr Mut und ihre Bereitschaft, sich beim Kurfürsten für das Leben des Prinzen einzusetzen, ja ihr Glaube an die innere Stärke des Prinzen, der in ihrer Anrede „junger Held“ (V. 1053) für den alles andere als heldenmütig sich verhaltenden Prinzen wie auch in den Versen 1069–74 anklingt, lassen den Prinzen seine Fassung wiedergewinnen. Obschon sie Zweifel an dem legalistischen Staatsverständnis ihres Onkels hegt und für eine Ordnung plädiert, in der das Gesetz und die ‚lieblichen Gefühle‘ gleichermaßen zu ihrem Recht kommen (V. 1129 f.), tritt sie dem Kurfürsten mit allem schuldigen Respekt entgegen. Sie gibt vor, gar nicht für sich und ihr Lebensglück um das Leben des Prinzen zu bitten (V. 1084–87); die Szene IV,4 macht aber deutlich, dass in Natalies Fühlen und Handeln die liebende Frau, die den geliebten Mann um jeden Preis gerettet sehen möchte, und die stolze, auf Ehrbarkeit und Würde bedachte Prinzessin in einem heftigen Widerstreit miteinander liegen. Immer wieder drängt sie den Prinzen, den vom Kurfürsten geforderten Brief zu schreiben, will dem Zaudernden gar selbst in die Feder diktieren (V. 1323); dabei ist sie sich der Tragweite des geforderten Schreibens bewusst – sie erbleicht, als sie den Wortlaut des kurfürstlichen Briefes vernimmt. Andererseits wächst in ihr auch die Bewunderung für die Ernsthaftigkeit und Furchtlosigkeit, mit der der Prinz um die geforderte Entscheidung ringt; seine Bereitschaft, sich mannhaft der Verantwortung zu stellen, auch wenn sie ihn das Leben kosten sollte, entlockt ihr schließlich gar ein begeistertes Geständnis ihrer Zuneigung:

Mut und Charakterstärke

Plädoyer für ‚liebliche Gefühle‘

Widerstreit zwischen Gefühl und gesellschaftlicher Rolle

> „Und bohrten gleich zwölf Kugeln
> Dich jetzt in Staub, nicht halten könnt ich mich,
> Und jauchzt und weint und spräche: du gefällst mir!“
> (V. 1386–88)

Mit dieser Entscheidung hat er sich auch ihrer, der Prinzessin, würdig erwiesen. Trotzdem trifft sie die Gewissheit des Todes ihres geliebten Freundes später so hart, dass sie sich über die Konventionen ihres Standes hinwegsetzen und zu ihm eilen will und ohne ihn nicht mehr länger leben will.

Eigenmächtiges Handeln

Aristokratische Züge beweist sie wiederum mit ihrem eigenmächtig inszenierten letzten Versuch, den Prinzen zu retten; sie unterschreibt nicht nur die Bittschrift der Offiziere, sondern beordert auch die ihr nominell unterstellte Truppe nach Fehrbellin, um so Druck auf den Kurfürsten ausüben zu können. Diese Handlung, zu der sie sich durch ihr Herz (V. 1389 f.) berechtigt fühlt, führt sie ihrerseits in die Nähe der Insubordination. Zwar bewundert sie den Entschluss des Prinzen, sich der Autorität des Souveräns zu beugen; doch bedeutet dies für sie nicht, das Kriegsgesetz als oberste Norm auch ihres Handelns zu akzeptieren. Vielmehr tritt sie mit ihrem Versuch, den Prinz zu retten, auch praktisch für ihre Überzeugung ein, dass neben dem Gesetz auch die Gefühle der Menschen ihr Recht erhalten sollen.

Die Kurfürstin

Passivität

Warmherzigkeit

Weitaus weniger Konturen als die Prinzessin gewinnt die zweite weibliche Figur des Stücks, die Kurfürstin, die ebenfalls, wenn auch weniger aktiv als Natalie, eine Vermittlerrolle zwischen Prinz und Kurfürst übernimmt. Aus den wenigen Versen, die Kleist für sie geschrieben hat, sprechen Warmherzigkeit und mütterliches Empfinden. Sie findet keinen Gefallen an dem Spott, den der Kurfürst in Szene I,1 mit dem Prinzen treibt. In Szene II,8 ist sie glücklich darüber, dass sich die Nachricht vom Tod ihres Mannes als falsch herausgestellt hat, und gewährt dem Prinzen die Erfüllung seines Wunsches, ohne recht zu wissen, was denn dieser Wunsch eigentlich beinhaltet – der Prinz ist in diesem Augenblick zu verlegen, um offen um ihre Zustimmung zum Verlöbnis mit Natalie zu bitten.

Mitgefühl

Mitgefühl für den jungen Mann und ihre Nichte spricht auch aus Szene III,3, in der sie Natalie ermuntert, beim Kurfürsten um das Leben des Prinzen zu bitten, was sie selbst auch schon getan hat, wenn auch vergeblich. Ihr Mitgefühl wird jedoch begrenzt durch die ‚Fassung', die sie als Gattin des Herrschers allen Schicksalsschlägen gegenüber glaubt bewahren zu müssen. Mühsam um diese ‚Fassung' ringend, lässt sie sich ausführlich von Mörner über den angeblichen Tod ihres Gatten unterrichten, und nur aus V. 563 f. und der folgenden Ohnmacht ist das Ausmaß ihres Schmerzes zu erahnen. In ihrem Bemühen um würdige Haltung und standesgemäßes Auftreten erscheint sie dem in III,5 fassungslos um Hilfe flehenden Prinzen gegenüber ganz hilflos, im Gegensatz zu Natalie, die durch ihr entschlossenes Auftreten den Prinzen aufzurichten vermag. Zu Tränen gerührt von der Not des Prinzen, kann sie doch nichts anderes sagen, als was ihre Rolle vorschreibt: Er möge doch seinen Mut und seine Fassung wiedergewinnen und sich durch schleunige Rückkehr ins Gefängnis den herrschenden Normen unterwerfen.

Ringen um ‚Fassung'

Hilflosigkeit

Obrist Kottwitz

Unter den zahlreichen Offizieren als Nebenfiguren des Stücks hat vor allen anderen der Obrist Kottwitz eine unverwechselbare Persönlichkeit. Er ist der Typus des ‚alten Haudegens', ein bejahrter Kavallerieoffizier, der sein ganzes langes Leben im Kampfe für sein Vaterland gestanden hat und der sich auch jetzt noch, im Alter, von jugendlicher Kraft erfüllt fühlt, wenn es gilt, auf dem Rücken seines Pferdes dem Feind in der Schlacht zu begegnen (V. 368–73).

Typus ‚alter Haudegen'

Kottwitz ist trotz seiner ‚Raubeinigkeit' alles andere als ein empfindungsloser Soldat oder blasser Befehlsempfänger. Noch kurz vor Beginn der Schlacht hat er nicht nur Augen und Ohren für seine soldatischen Pflichten, sondern auch für die Schönheit der Natur, die in ihm ‚heitere' und ‚jubelnde' Gefühle und ein leises Bedauern erweckt, dass man sich an solch einem schönen Tage wird schlagen müssen. Auch der Kampf für das Vater-

Empfindsamer Mensch

land ist für ihn mehr Sache der Empfindung und des Herzens als bloße Pflichterfüllung. Später, in seiner langen Einrede gegen die Entscheidung des Kurfürsten, das Urteil gegen den Prinzen zu bestätigen, bringt er vor, dass es seine „Lust" und seine „Freude" (V. 1591) am Wachstum des kurfürstlichen Ruhms und damit des Vaterlandes sei, die ihn antreibe, sein ‚Blut am Tag der Schlacht in den Staub zu schütten'. Diese tiefe Empfindung für das Vaterland und seinen berufenen Herrn, dem er aus freien Stücken diene, sei sogar stärker als sein Respekt vor dem Willen des Herrschers. Als Kottwitz in Szene II,2 wegen der Order des Kurfürsten noch zögert, in die Schlacht einzugreifen und sich deshalb vom Prinzen an die ‚Order des Herzens' gemahnen lassen muss, fühlt der alte Soldat sich nicht nur in seiner Ehre, sondern auch in seiner Empfindung für das Vaterland zutiefst gekränkt und ist sofort bereit, sich, entgegen der Order seines Herrn, an der Spitze der Reiterei in die Schlacht zu werfen. Obwohl Kottwitz seinem Souverän allen gebührenden Respekt zollt, behauptet er seinen eigenen Kopf auch gegen den Kurfürsten; er wagt seinem Oberherrn zu widersprechen und bezichtigt ihn gar indirekt der Stümperei, da dieser glaubt, er hätte noch einen weit größeren Sieg am Tag von Fehrbellin erringen können, wäre der Prinz nur gehorsam gewesen (V. 1547 f.). Kottwitz hätte, so gibt er vor, an des Prinzen Stelle genauso gehandelt und hätte dafür sogar, aus Respekt vor seinem Souverän, mit seinem Leben bezahlt, denn nicht der Buchstabe des kurfürstlichen Willens sei ihm oberstes Gesetz, sondern allein Sieg und Ruhm des Vaterlandes.

Vaterlandsliebe eines freien Mannes

Eigenständigkeit des Denkens

Groll gegen seinen Herrn

Sein persönlicher Groll gegen den Kurfürsten ist auch nach dem Schuldbekenntnis des Prinzen in V,7 noch nicht verraucht, und auch nach der Begnadigung des Prinzen klingt in seinen letzten Versen noch leise Ironie nach:

„Bei dem lebendgen Gott,
Du könntest an Verderbens Abgrund stehn,
Dass er, um dir zu helfen, dich zu retten,
Auch nicht das Schwert mehr zückte, ungerufen!"
(V. 1825–28)

Es ist dies eine Ironie gegenüber dem für sein Empfinden allzu legalistischen Staatsverständnis des Kurfürsten, unter dessen Vorzeichen die Versöhnung des Souveräns mit dem seiner Gerechtigkeit unterworfenen Einzelnen nichts anderes ist als „ein Traum, was sonst?" (V. 1856).

Feldmarschall Dörfling

Der Feldmarschall als der höchste Offizier der Armee erscheint, im Vergleich mit Kottwitz, eher als bloßes Sprachrohr seines Herrn, des Kurfürsten. In Szene I,5 sehen wir ihn als Instrukteur seiner Offiziere. Sorgfältig und ein wenig pedantisch diktiert er den Schlachtplan, dessen strategisches Ziel er vorab kurz erläutert und den er ausdrücklich nicht als sein Werk, sondern als dasjenige des Kurfürsten bezeichnet. In Szene V,3 erleben wir einen wenig souveränen Feldmarschall, der in heller Aufregung unangemeldet zum Kurfürsten vordringt und seinen Herrn über die angebliche Rebellion der Offiziere unterrichtet. Dörfling beteiligt sich offenbar nicht an den Bemühungen der Offiziere zur Rettung des Prinzen; stattdessen verbreitet er nicht nur wenig stichhaltige Gerüchte aus dritter Hand über die Absichten der Offiziere, sondern bittet auch den Kurfürsten inständig, den Prinzen zu begnadigen, ehe die Offiziere mit Gewalt vorgehen könnten. Dörfling erscheint als treuer Diener seines Herrn, dem aber dessen Charakterstärke und Festigkeit gänzlich fehlen.

Sprachrohr des Kurfürsten

Mangelnde Charakterstärke

Graf Hohenzollern

Stellung zwischen Kottwitz und Dörfling

Freund des Prinzen

Spottlustiger Höfling

Moderator

Eine mittlere Stellung zwischen der gefühlsbetonten Eigensinnigkeit Kottwitz‘ und der Diensteifrigkeit Dörflings nimmt Graf Hohenzollern ein. Der Graf erscheint in besonderem Maße als Vertrauter, gar Freund des Prinzen, was schon daran zu erkennen ist, dass er diesen mehrfach mit seinem Vornamen „Arthur“ (V. 87, 817) anspricht. Ihn versucht der Prinz in die Geheimnisse seines Herzens einzuweihen, und in Szene III,1 ist es wiederum Hohenzollern, dem der Prinz offen und vertrauensvoll die persönliche Einschätzung seiner Lage anvertraut. Hohenzollern ist jedoch nicht frei von Spottlust für das merkwürdige Verhalten dieses ‚sinnverwirrten Träumers‘ (V. 112). So lockt der Graf den Prinzen, als dieser sich vergeblich an den Namen der Dame seines Traums zu erinnern versucht, bewusst auf falsche Fährten, und schließlich ist es auch Hohenzollern, der in Szene I,1 den schlafwandelnden Prinzen der Hofgesellschaft als ‚Attraktion‘ vorführt. Er ist zwar bemüht, dessen Schlafwandeln als „eine bloße Unart seines Geistes“ (V. 39) zu verharmlosen, macht sich dann jedoch als Erster über den träumenden Prinzen lustig.

Trotzdem erweist er sich in der Folge als wahrer Freund des Prinzen. Immer wieder versucht er, dem Prinzen die Augen für die Realität zu öffnen und gleichzeitig den Konflikt des Prinzen mit seiner Umgebung zu verhindern oder zu mildern. In Szene I,5 bemüht er sich, den unaufmerksamen Prinzen zur Ordnung zu rufen; in II,2 interveniert er im Streit des Prinzen mit dem jungen Offizier; in Szene II,10 versucht er energisch, den Aufgebrachten und Fassungslosen zu beschwichtigen, um einen noch heftigeren Auftritt des Prinzen und damit den radikalen Bruch zwischen diesem und dem Kurfürsten zu verhindern. In Szene III,1 unternimmt er es, den verblendeten Prinzen geduldig und beharrlich vom Ernst seiner Lage zu überzeugen, um geeignete Schritte zu seiner Rettung zu ermöglichen. In Szene V,5 unterbreitet er schließlich dem Kurfürsten eine persönliche Bittschrift, um den Kurfürsten von dessen Mitschuld am Vergehen des Prinzen zu überzeugen. Graf Hohenzollern ist sicherlich kein so innerlich freier und unabhängiger Geist wie der alte Kottwitz, aber er hält doch in schwierigen Zeiten zu seinem Freund, dem Prinzen, und versucht das im Rahmen seiner Stellung bei Hofe Mögliche zu tun, um dessen Leben zu retten und eine Versöhnung zwischen dem Prinzen und dem Kurfürsten zu fördern.

Zur Bauform des Stücks

Elemente der geschlossenen und offenen Form

Volker Klotz (*Geschlossene und offene Form im Drama*, 7. Aufl. München 1975) unterscheidet zwei Bauformen des Dramas, die in den letzten 400 Jahren die ästhetische Struktur dramatischer Texte geprägt haben: die geschlossene bzw. die offene Form. Diese Formen sind methodisch zu verwendende Idealtypen; sie sind keine festen Kategorien, mit denen man alle Texte eindeutig zwei Klassen zuordnen könnte. Das klassische Drama in Gestalt der Tragödie kommt dabei, so lässt sich stark vereinfachend sagen, dem Idealtypus der ‚geschlossenen Form' am nächsten. So nehmen auch viele Strukturelemente des Dramas der ‚geschlossenen Form' Merkmale wieder auf, die schon Aristoteles, auf dessen Poetik die Theorie des klassischen Dramas zurückgeht, der Tragödie zugeschrieben hat. Indem wir Kleists Stück mit den Klotz'schen Begriffen beschreiben, wollen wir zugleich zu klären versuchen, inwieweit das Stück ein klassisches Drama bzw. eine Tragödie ist.

Tragödie als Drama der geschlossenen Form

Ein Drama der ‚geschlossenen Form' zeichnet sich durch eine einheitliche und abgeschlossene Handlung aus; es gibt keine Neben- oder Parallelhandlungen. So schildert Kleists Stück ausschließlich den ‚Fall Homburg': seine Vorbedingungen, das Faktum der Normverletzung selbst, den dadurch entstehenden Konflikt und seine Lösung. Die Handlung wird kontinuierlich dargestellt: Die jeweils folgende Szene nimmt den Handlungsfaden vom Ende der vorangegangenen Szene wieder auf. (Ein Beispiel: Gegen Ende von III,5 erklärt Natalie ihre Bereitschaft, beim Kurfürsten um das Leben Homburgs zu bitten, und ebendies zeigt die folgende Szene IV,1.)

Einheit der Handlung

Alle Voraussetzungen der Handlung werden in einer Exposition am Anfang des Stücks vermittelt. Die Traumszene I,1, in der die Innenwelt des Prinzen in ihrem Widerspruch zur objektiven Welt des Hofes dargestellt wird, exponiert zugleich die Gründe für den späteren Konflikt auf der Handlungsebene. Die Handlung entwickelt sich im Drama der geschlossenen Form als Konflikt zwischen zwei Hauptpersonen des Stücks, dem eigentlichen Helden und seinem Gegenspieler, deren Verhalten durch unterschiedliche Charaktereigenschaften und Wertvorstellungen geprägt wird. Die dargestellte Handlung beschränkt sich dabei auf wesentliche Momente, konzentriert sich auf den Dialog der miteinander streitenden Personen und vermeidet eine breite, aktionsreiche Ausgestaltung des Bühnengeschehens. Sind aktionsreiche Handlungsabschnitte (etwa kriegerische Auseinandersetzungen) für die Logik der Handlung unverzichtbar, dann werden sie meist als verdeckte Handlung gestaltet. Im Drama der geschlossenen Form wird von solchen Ereignissen nur berichtet (Botenbericht, etwa der Bericht Graf Sparrens über den Tod des Stallmeisters in II,8), oder aber die Personen auf der Bühne agieren als Beobachter eines vom Zuschauer nicht einsehbaren, hinter einer imaginären Mauer sich abspielenden Geschehens (Teichoskopie, so die Darstellung der Schlacht von Fehrbellin in Szene II,2).

Exposition

Handlung als Konflikt

Dialog

Verdeckte Handlung

Neben die einheitliche, in sich abgeschlossene Handlung tritt im klassischen Drama als Drama der geschlossenen Form die relative **Einheit von Zeit und Raum**. Im seltenen Idealfall sind die dargestellte Zeit und die Zeit der Darstellung identisch. Die Einheit der Zeit ist in Kleists Stück nahezu gewahrt; die dargestellte Zeit umfasst zwar mehrere Tage und ist damit erheblich länger als die Zeit der Darstellung; dies ist jedoch unerheblich im Vergleich zu Dramen der offenen Form, in denen, wie etwa in Shakespeares Königsdramen, die dargestellte Zeit mehrere Jahre oder gar Jahrzehnte umfassen kann. In der Ordnung der dargestellten Zeit gibt es nur die **Sukzession**, das zeitliche Nacheinander der in den einzelnen Szenen dargestellten Handlungselemente,

Relative Einheit von Raum und Zeit

Sukzession

nicht jedoch, wie in modernen, offenen Dramenformen, die Gleichzeitigkeit von nacheinander dargestellten Ereignissen oder gar das Gestaltungsmittel der Rückblende, wie es in den Dramen Brechts, Frischs und Dürrenmatts zuweilen zu finden ist.

Ortswechsel dramatisch unwirksam

Auch in der Einheit des Raums gibt es in der geschlossenen Dramenform die idealtypische Situation, die z. B. in vielen antiken Tragödien vorherrscht, dass die ganze Handlung sich an einem Ort abspielt. Wenn Ortswechsel doch erforderlich sind, so sind sie meist für die Entwicklung der Handlung nicht bedeutsam. Kleists Drama weist zwar mehrere Ortswechsel auf, aber als Handlungsorte werden in den Regieanweisungen meist irgendwelche Zimmer im Schloss genannt, die keine spezifische Raumqualität aufweisen. Einen Grenzfall zum Drama der offenen Form stellen jedoch die Szenen I,1–4 und V,10–11 dar. Die Verbindung von Schlossgarten im Vordergrund mit der Rampe zum Schloss im Hintergrund schafft nicht nur den Raum für ein eindrucksvolles szenisches Arrangement, das in den Regieanweisungen genau beschrieben ist, sondern ist auch für die Handlung zumindest von symbolischer Bedeutung: Die Hofgesellschaft kann sich aus dem Garten, der Landschaft des Traums, über die Rampe gleichsam in den Raum der Wirklichkeit zurückziehen.

Personenkonzeption

In der Personenkonzeption nähert sich Kleists Drama jedoch in zahlreichen Momenten dem Typus der offenen Form. Der geschlossenen Form und dem klassischen Drama entspricht hier lediglich die Einhaltung der Ständeklausel: Alle wichtigen Figuren des Dramas gehören den gehobenen Ständen, dem Adel und dem Offizierskorps, an.

Ständeklausel (geschlossene Form)

Abweichungen von der geschlossenen Form finden sich vor allem im Bereich der Charakterzeichnung. Die Personen im klassischen Drama handeln als scharf umrissene Charaktere; ihr Handeln ist meist Resultat rationaler Planung; es ist zugleich kommunikatives Handeln, das sich wesentlich im und durch den Dialog mit dem Gegenspieler vollzieht. Dies gilt bei den Figuren des Stücks am ehesten noch für den Kurfürsten; er handelt meist kühl kalkulierend und orientiert sich dabei an der Aufrechterhaltung seiner Autorität. Dieses Handeln ist aber auch zuweilen von unbedachten, emotionalen Entscheidungen bestimmt, und es ist nicht immer kommunikativ, da seine Intentionen seinen Gegenspielern oft undurchschaubar bleiben.

Charakter des Protagonisten (offene Form)

Dem Typus der offenen Form nähert sich dagegen die Figur des Prinzen an: Er wirkt als gemischter Charakter, da er im eigentlichen Sinne gar keinen klar umrissenen Charakter hat, d. h. über unverwechselbare und im Laufe der Handlung unveränderbare Charakterzüge verfügt. Deshalb reagiert er in vergleichbaren Situationen (III,5 / V,10) ganz unterschiedlich: In III,5 flößt ihm seine bevorstehende Hinrichtung große Todesangst ein, in V,10 gerät er dagegen in eine euphorische Stimmung. Sein Handeln ist oft Resultat eines (wirklichkeits-)blinden Gefühls, nicht jedoch Resultat einer rationalen Planung. In den ersten drei Szenen handelt er nahezu unbewusst. Sein Handeln erscheint auch wenig kommunikativ: Manches Wichtige bleibt ungesagt (vgl. seinen Versuch, die Zustimmung der Kurfürstin zu seiner Verbindung mit Natalie zu erlangen, V. 704 ff.), manchmal findet er gar keine Worte mehr (vgl. II,10, nach V. 759). Neben das gesprochene Wort tritt oft auch die Geste oder gar die Pantomime, das stumme Spiel als Bedeutungsträger (I,2). Anders als im klassischen Drama wird in Kleists Drama nicht alles gesprochenes Wort, sind nicht alle Handlungsmomente in den Dialog als rational nachvollziehbare Form der Kommunikation verlegt. In Kleists Behandlung des Dialogs sind zudem manchmal die Ebenen des Sagens und des Meinens nicht deckungsgleich. H. Arntzen hat in seinem Aufsatz „Prinz Friedrich von Homburg – Drama der Bewußtseinsstufen“ (1981) auf die zahlreichen Widersprüche der Dramenhandlung hingewiesen, denen gegenüber nur vordergründig von der Logik einer geschlossenen Handlung gesprochen werden kann; diese Widersprüche resultieren nicht zuletzt aus der Persönlichkeitsstruktur des Protagonisten.

Geste neben Dialog

Komposition (geschlossene Form)

Der Eindruck einer strengen Logik der Handlung, die dem Drama der geschlossenen Form entspräche, wird jedoch auch durch das Kompositionsprinzip des Stücks nahegelegt. Die einzelnen Szenen sind keine eigenständigen, nebeneinander stehenden Handlungseinheiten, sondern sie fügen sich ein in ein Gesamtkonzept, das die für ein klassisches Drama typische Spannungskurve aufweist. Diese führt von den Voraussetzungen des Konflikts (Exposition, erster Akt: Kontrast von Innenwelt des Prinzen und objektiver Welt) zur Entfaltung des Konflikts (zweiter Akt: Normverletzung und Bestrafung), steigert diesen bis zum Höhepunkt (dritter Akt: Todesfurcht-Szene als Resultat des voll bewussten Konflikts), führt dann über ein retardierendes, die Lösung des Konflikts hinauszögerndes Moment (vierter Akt: Natalies Rettungsversuche) zur Lösung des Konflikts (fünfter Akt: Schuldbekenntnis und Begnadigung des Prinzen). Im Wesentlichen weicht Kleists Drama also nur in der Gestaltung des Protagonisten von der geschlossenen, ‚klassischen' Form des Dramas ab.

Spannungskurve des Dramas

Von der Tragödie zum Schauspiel

Untragisches Ende

Gleichwohl endet das Stück nicht tragisch, d. h. mit dem Tod des Helden; Kleist bezeichnet das Stück ja auch als ‚Schauspiel', nicht jedoch als Tragödie oder ‚Trauerspiel'. Die Gattungsbezeichnung ‚Schauspiel' und die der offenen Dramenform angenäherte Personenkonzeption des Protagonisten hängen eng miteinander zusammen, wie im Folgenden erläutert werden soll.

Der Begriff des Tragischen, der Tragödie betrifft nicht nur die formalen Gestaltungsmittel des Kunstwerks Drama, sondern auch die inhaltliche Grundstruktur einer dramatischen Handlung. Diese Begriffe sollen anhand der entsprechenden Definitionen aus G. W. F. Hegels *Vorlesungen über die Ästhetik* veranschaulicht werden. Kleist hat zwar Hegels Ästhetik nicht gekannt, aber sie ist trotzdem im vorliegenden Zusammenhang bedeutsam, da sie in relativer zeitlicher Nähe zur Entstehungszeit des *Prinzen von Homburg* (1810/11) verfasst wurde und eine für die ästhetischen Vorstellungen des frühen 19. Jahrhunderts repräsentative ästhetische Theorie darstellt.

- Hegel bestimmt zuerst als den „wahrhaften Inhalt" des tragischen Handelns den „Kreis der im menschlichen Wollen substantiellen, für sich selbst berechtigten Mächte" (GW 15, 521). Tragisches Handeln betrifft nicht nebensächliche Ziele menschlichen Handelns, sondern substantielle Mächte, d. h. grundlegende, jeden Menschen bestimmende Situationen, in denen er in Gemeinschaft mit anderen Menschen tritt (Familie, Staat, Kirche usw.). In solchen grundlegenden Situationen ist das Handeln des Menschen an sittlichen Normen und Werten orientiert. Deshalb kann Hegel schreiben, dass „die geistige Substanz des Wollens und Vollbringens" des tragischen Charakters „das Sittliche" ist (GW 15, 522). Auch den tragischen Charakter beschreibt Hegel näher. Dieser sei keine

Grundlegende Lebenssituationen als Inhalte des Tragischen

> „vielfache, episch auseinander gelegte Totalität, sondern [...] nur die eine Macht dieses bestimmten Charakters, in welcher derselbe sich seiner Individualität nach mit irgendeiner besonderen Seite jenes gediegenen Lebensinhalts untrennbar zusammengeschlossen hat und dafür einstehen will." (Ebd.)

Der tragische Charakter ist also nicht vielfältig in seinen Eigenschaften, keine Ganzheit (Totalität) unterschiedlicher, gar gegensätzlicher Charakterzüge, sondern einförmig und geprägt dadurch, dass er im Rahmen der ‚substantiellen Mächte' eine besondere Seite, d. h. auch eine fest umrissene sittlich-moralische Überzeugung gewählt hat, für die er ganz und gar einzustehen bereit ist.

Prägung des tragischen Charakters durch seine sittliche Überzeugung

- Da nun solche Charaktere sich in ihren „Inhalten" und in ihrer „individuellen Erscheinung", d. h. sowohl in ihren Wertvorstellungen als auch den eigentlichen Charakterzügen nach, mit denen sie ihre Überzeugun-

Konflikt tragischer Charaktere

gen vertreten, voneinander unterscheiden, geraten sie miteinander in Konflikt (Hegel nennt dies „Kollision"):

> „Das ursprünglich Tragische besteht nun darin, daß innerhalb solcher Kollision beide Seiten des Gegensatzes für sich genommen Berechtigung haben, während sie andererseits dennoch den wahren positiven Gehalt ihres Zwecks und Charakters nur als Negation und Verletzung der anderen, gleichberechtigten Macht durchzubringen imstande sind und deshalb in ihrer Sittlichkeit und durch dieselbe ebensosehr in Schuld geraten." (Ebd.)

Recht und Schuld

Sowohl der Charakter des Protagonisten als auch der seines Gegenspielers ist moralisch-sittlich definiert; deshalb hat das Handeln beider seine Berechtigung. Trotzdem können sie sich mit ihren Handlungsabsichten nur durchsetzen, indem sie, da sie ja unterschiedliche Vorstellungen und Charakterzüge haben, den jeweils anderen in seinen Handlungsabsichten verletzen, wodurch sie als sittlich Handelnde zugleich Schuld auf sich laden.

- Dieser moralische Zwiespalt ist nur auf tragische Weise aufzulösen:

Tragische Lösung des Konflikts

> „So berechtigt als der tragische Zweck und Charakter, so notwendig als die tragische Kollision ist drittens auch die tragische Lösung dieses Zwiespalts. Durch sie nämlich übt die ewige Gerechtigkeit sich an den Zwecken und Individuen in der Weise aus, daß sie die sittliche Substanz und Einheit mit dem Untergange der ihre Ruhe störenden Individualität herstellt" (GW 15, 524).

Idee der reinen Sittlichkeit

So sehr auch unterschiedliche Charaktere und Handlungsziele das Handeln der Figuren bestimmen und so sehr auch ihr Handeln von subjektiven sittlichen Überzeugungen durchdrungen sein mag, so kann es doch in Wahrheit, d. h. objektiv, nur eine sittliche Wahrheit geben, eine ‚ewige Gerechtigkeit', die für alle Menschen verbindlich sein muss. Insofern der tragische Charakter auf seiner individuellen Überzeugung und Ausprägung (Individualität) beharrt, kann nur sein Untergang, sein Tod, die „sittliche Substanz", d. h. das objektive moralische Gesetz befördern. Im Grunde ist das Tragische Ausdruck der Tatsache, dass in der Wirklichkeit des Menschen das sittliche Gesetz noch nicht allgemein und in reiner Form herrscht, sondern an einzelne Menschen mit ihren Charaktereigenschaften gebunden bleibt, die aufgrund ihres unterschiedlichen Charakters und der Einseitigkeit ihrer Wertvorstellungen in Konflikt miteinander geraten können. Die wahrhaft allgemeine Gültigkeit des Sittlichen würde sich nicht zum Ausdruck bringen im Kampf der Charaktere gegeneinander, ihrer Verstrickung in Schuld und ihrem tragischen Scheitern, sondern in der „Versöhnung", „in welcher sich die bestimmten Zwecke und Individuen ohne Verletzung und Gegensatz einklangsvoll betätigen" (ebd.). Versöhnung wäre vorstellbar als ein Einklang zwischen den Menschen („Individuen"), der sich dadurch einstellen würde, dass die Handlungsabsichten der Einzelnen („bestimmte Zwecke") nicht mehr gegeneinander gerichtet sein müssten, weil sie sich allesamt am objektiven Geist der Sittlichkeit orientieren würden.

Versöhnung

Eben eine solche Versöhnung zwischen subjektiver Überzeugung und objektivem Gesetz gestaltet nicht die Tragödie, sondern das Schauspiel. Das Schauspiel trägt so in sich selbst den Charakter der Utopie, denn seine Konzeption der Versöhnung beruht nicht auf der faktisch bestehenden Gegensätzlichkeit menschlicher Charaktere und Überzeugungen, sondern auf der Fiktion, das objektiv gültige sittliche Gesetz könne wirklich alleinige Richtschnur menschlichen Handelns sein und dadurch alle Gegensätze unter den Menschen in Einklang bringen.

Schauspiel als Utopie

In Kleists Schauspiel findet in der Tat Versöhnung statt: Der Prinz versöhnt sich am Ende mit dem Kurfürsten und unterwirft sich dem Gesetz der Gemeinschaft, und der Kurfürst setzt mit seiner Begnadigung des Prinzen ebenfalls ein Zeichen der Versöhnung. Aber was wird hier versöhnt? Versöhnt wird der Lebensanspruch des freien, nur seinen Gefühlen und persönlichen Lebenszielen lebenden Individuums mit den Normen der Gemeinschaft, die für das Handeln des Einzelnen objektives Gesetz zu sein beanspruchen. Dem Stück liegt aber im strengen Sinne kein moralischer Konflikt zugrunde, weder ist das Streben des Einzelnen nach persönlichem Glück, das den Prinzen zu Anfang des Stücks leitet, schon für sich allein als moralisches Handlungsmotiv zu betrachten, noch ist die bloße Unterwerfung des Einzelnen unter das Gesetz des Staates, die der Kurfürst fordert, als solche schon eine sittliche Forderung. Der Grundkonflikt des Stücks entsteht aus der jedem menschlichen Handeln vertrauten Situation, dass subjektive Handlungsziele in Widerspruch geraten können zu äußeren Handlungszwängen, die dem Einzelnen durch die Gesetze des Staates und die Normen der Gesellschaft auferlegt werden. Deshalb lässt sich das Stück auch nicht – wie die Gattungsbezeichnung ‚Schauspiel' nahelegt – als Tragödie verstehen, die die unausweichliche Katastrophe des Helden durch eine als Idealisierung zu verstehende Versöhnung ersetzt. Dem fehlenden Tragödiencharakter des dramatischen Konflikts entspricht auch die kaum tragisch zu nennende Figurenkonzeption des Prinzen, dem es ja an jener Bestimmtheit des Charakters mangelt, die zwangsläufig Kollisionen hervorrufen muss. Die Versöhnung dieses Schauspiels ist nicht charakterisierbar als ins Ideelle gewendete Tragödie (Aussöhnung kollidierender moralischer Überzeugungen durch Anerkenntnis des objektiven sittlichen Gesetzes); sie ist eine ins Ideelle gewendete Versöhnung zwischen Individuum und Gesellschaft und entwirft hierin keine moralische, sondern eine politische Utopie.

Politische statt moralische Utopie in Kleists Drama

Die sprachliche Form

Das Drama *Prinz Friedrich von Homburg* ist durchgehend in Blankversen geschrieben, jenem in der Regel fünfhebigen reimlosen jambischen Vers, der seit Lessings *Nathan der Weise* (1779) zum vorherrschenden Vers des klassischen Dramas geworden ist. Die Verwendung von versifizierter Rede im Drama bedeutet nicht einfach nur ‚gehobenes' Sprechen der Figuren, sondern macht aus dem Drama allererst ein in sich kohärentes ästhetisches Gebilde. Kleist variiert das Versmaß in einer Fülle unterschiedlicher Satzmuster, Aussageformen und rhetorischer Funktionen, die immer eng auf die jeweilige kommunikative Situation und ihre Inhalte bezogen ist. Im Folgenden soll an einigen Beispielen erläutert werden, auf wie vielfältige Weise die sprachlichen Gestaltungsmittel Inhalt und Bedeutung des Gesagten zum Ausdruck bringen können.

Blankvers

Drama als ‚ästhetisches' Gebilde

Dieselbe Versform kann Sätze ganz unterschiedlicher Länge und Komplexität aufnehmen wie etwa in der folgenden Rede des Rittmeisters von Mörner:

> „Drauf fasst, bei diesem schreckenvollen Anblick,
> Schmerz, unermesslicher, des Prinzen Herz;
> Dem Bären gleich, von Wut gespornt und Rache,
> Bricht er mit uns auf die Verschanzung los:
> Der Graben wird, der Erdwall, der sie deckt,
> Im Anlauf überflogen, die Besatzung
> Geworfen, auf das Feld zerstreut, vernichtet,
> Kanonen, Fahnen, Pauken und Standarten,
> Der Schweden ganzes Kriegsgepäck, erbeutet:
> Und hätte nicht der Brückenkopf am Rhyn
> Im Würgen uns gehemmt, so wäre keiner,
> Der an dem Herd der Väter, sagen könnte:
> Bei Fehrbellin sah ich den Helden fallen!"
> (V. 550–562)

Kleist fasst hier vier Hauptsätze, die in sich kunstvolle hypotaktische Gebilde aus Appositionen, Relativsätzen,

Syntax versinnbildlicht Dynamik des Inhalts

nachgestellten Adjektiven usw. sind, durch die Interpunktion zu einem 13 Verse umfassenden ‚Super-Satz' zusammen. Als gesprochene Rede erzeugt dieses Satz-Gebilde eine immense Spannungskurve, die erst in der Schlusszeile zugleich ihren Höhepunkt und ihre Lösung erfährt. Dabei bewirken die ständigen Unterbrechungen der Sätze durch die Beiordnung mannigfaltiger Satzfragmente den Eindruck einer sich gegen vielfältige Widerstände durchsetzenden und damit noch an Kraft gewinnenden Dynamik. Das komplexe Satzbaumuster produziert damit einen Sprachgestus, der genau dem Inhalt, dem durch den Schmerz um den Verlust des Kurfürsten provozierten Erstürmen der feindlichen Linien, entspricht; dieses Ereignis wird durch die Form seiner sprachlichen Vermittlung geradezu sinnlich erfahrbar. Ganz anders dagegen die anschließenden Verse der Kurfürstin:

> „Ein Sieg, zu teu'r erkauft! Ich mag ihn nicht,
> Gebt mir den Preis, den er gekostet, wieder."
> (V. 563 f.)

Lakonischer Ausdruck einer ‚würdevollen Trauer'

Die Kürze dieser Verse steht in Beziehung zu dem überwältigenden Schmerz der Kurfürstin, der sie nicht nur nahezu der Sprache, sondern unmittelbar danach auch der Sinne beraubt. Und doch lässt die Ordnung dieser Verse auch noch im tiefen Schmerz die Fürstin erkennen, die auf Würde und Fassung bedacht und zu befehlen gewohnt ist, denn das Verspaar stellt bei aller Kürze doch eine in sich logische Abfolge von Gedanken dar, die in vollständigen syntaktischen Gebilden geäußert werden: Der Tod des Kurfürsten muss der Kurfürstin als ein zu hoher Preis für den errungenen Sieg erscheinen; folgerichtig weist sie diesen Sieg zurück und verlangt stattdessen den „Preis, den er gekostet", d. h. das Leben ihres Mannes, zurück. Wie ganz anders dagegen die innere Haltung des Prinzen, als er in II,10 verhaftet und aus der Sicherheit seines Gefühls brutal vertrieben wird; er ist nicht einmal mehr imstande, durch Aussagesätze seine innere Verfassung sprachlich zum Ausdruck zu bringen

Innere Erregung und Versagen der Sprache

oder durch Befehlssätze seine Wünsche zu äußern, ihm bleiben nur noch Fragen („Träum ich? Wach ich? Leb ich? Bin ich bei Sinnen?“, V. 765). Virtuos nutzt Kleist den Vers auch in der Ausgestaltung des Dialogs. Auffallend häufig verwendet er die Antilabe, den auf mehrere Personen aufgeteilten Sprechvers. Dieses Gestaltungsmittel erzeugt nicht nur Dynamik und Spannung in der Kommunikation der Personen; es dient auch oft dazu, direkte mit indirekter Kommunikation zu verbinden, ist deshalb oft Ausdruck des Missverstehens, des Aneinandervorbeiredens (vgl. das Sprachverhalten des Prinzen in I,5), des Auseinanderklaffens von Gesagtem und Gemeintem. Hier ein Beispiel:

Antilabe im Dialog

> **Der Prinz von Homburg** […] *indem er sich wieder zur Kurfürstin wendet, und den Arm sanft um Nataliens Leib legt.* Ich habe so
> Dir einen Wunsch noch schüchtern zu vertraun,
> Des ich mich auf der Reis entlasten will.
> **Natalie** *macht sich von ihm los.*
> Bork! Rasch! Mein Halstuch, bitt ich!
> **Kurfürstin** Du? Einen Wunsch mir?
> **Erste Hofdame**
> Ihr tragt das Tuch, Prinzessin, um den Hals!
> **Der Prinz von Homburg** *zur Kurfürstin.*
> Was? Rätst du nichts?
> **Kurfürstin** Nein, nichts!
> **Der Prinz von Homburg** Was? Keine Silbe? –
> **Kurfürstin** *abbrechend.*
> Gleichviel! – Heut keinem Flehenden auf Erden
> Antwort ich: nein! was es auch immer sei;
> Und dir, du Sieger in der Schlacht, zuletzt!
>
> (V. 702–708)

Vermischung von direkter und indirekter Kommunikation

Homburg spricht hier seine Bitte um das Einverständnis der Kurfürstin zu seiner Verbindung mit Natalie nicht aus, fragt stattdessen die Kurfürstin, ob sie seinen Wunsch nicht erraten könne, wobei er offenbar davon ausgeht, dass ihr das nicht schwerfallen werde, hat er doch vorher den Arm um Natalie gelegt. Als die Kurfürstin jedoch ihre Unwissenheit bekundet, ist er so erstaunt, dass er wiederum nur mit elliptischen Fragen antworten kann. Nach einer kurzen Pause der Besinnung bricht die Kurfürstin dieses Gespräch ab mit dem Versprechen, ihm jeden Wunsch zu erfüllen. Offen bleibt, ob die Kurfürstin deshalb abbricht, weil sie den Wunsch des Prinzen doch errät, es aber nicht mit ihrer Würde vereinbaren kann, einem in solch ‚unschicklicher' Form vorgetragenen Wunsch gleichsam offiziell zuzustimmen, oder ob sie, immer noch unwissend, bloß dieses ‚unschickliche' Frage-und-Antwort-Spiel abbrechen möchte. Bemerkenswert auch die parallel zum eigentlichen Dialog verlaufende Rede und Gegenrede zwischen Natalie und ihrer Hofdame. Natalie sucht keineswegs ihr Halstuch; mit dieser Äußerung findet sie lediglich eine Gelegenheit, sich aus der verfänglichen Umarmung Homburgs zu lösen und ihre durch Homburgs Vorstoß ausgelöste Spannung abzubauen. All dies wird jedoch von der Hofdame gar nicht bemerkt, diese geht nur auf den direkten Sinn von Natalies Äußerung ein und stellt verwundert fest, dass die Prinzessin das Tuch doch um den Hals trage. Nicht nur an dieser Stelle sind die Gesten (Umarmen) integraler Bestandteil eines komplexen und vielschichtigen Spiels; die Sprache ist hier, wie auch anderswo im Stück, Ausdruck einer eher unvollständigen oder gar misslingenden Kommunikation, was auch durch die relative Häufigkeit elliptischer und unvollständiger Sätze zum Ausdruck kommt.

Brüchigkeit der Kommunikation

Die Sprache des Stücks entfaltet andererseits einen eigenen, nur mehr in ihrer poetischen Qualität zu erfassenden Beziehungsreichtum, dies gilt vor allem für die Metaphorik. So ist etwa die folgende Schilderung des Verhaltens des Kurfürsten in der Schlacht durch Graf Sparren eine auf semantischen Beziehungen fußende Komposition bedeutungsverwandter Begriffe (Strom, Ufer, Schwimmer, Quelle), die in ihrer Zuordnung ein komplexes Bild ergeben.

Metaphorik

„Granaten wälzten, Kugeln und Kartätschen
Sich wie ein breiter Todesstrom daher,
Und alles, was da lebte, wich ans Ufer:
Nur er, der kühne Schwimmer, wankte nicht,
Und, stets den Freunden winkend, rudert' er
Getrost den Höhn zu, wo die Quelle sprang."
(V. 649–654)

Leitbegriffe

Auch die häufige Verwendung von Leitbegriffen ist Teil dieser poetischen Logik. Hier eine Übersicht der wichtigsten Begriffe:

- „Herz" (V. 475, V. 499, V. 701, V. 831, V. 938, V. 1060, V. 1084, V. 1099, V. 1363, V. 1389, V. 1442, V. 1771, V. 1805)
- „Gefühl, Empfindung" (V. 388, V. 868, V. 1113, V. 1184, V. 1585, V. 1587, V. 1695)
- „Traum, Träumer" (V. 77, V. 112, V. 140, V. 765, V. 1305, V. 1660, V. 1669, V. 1717, V. 1856)
- „Sonne" (V. 58, V. 354, V. 387, V. 858, V. 1039, V. 1293, V. 1809, V. 1832)
- „Wind" (V. 179, V. 356, V. 1835)
- „Gold" (V. 141, V. 638, V. 659, V. 1042, V. 1048)
- „Staub" (V. 538, V. 676, V. 850, V. 876, V. 901, V. 1081, V. 1387, V. 1789, V. 1858)

Metaphorik und Bedeutungswandel

Andere Begriffe („Segen", „Nacht", „Ruhm", „Flügel") könnten ergänzt werden. Manche von ihnen bleiben in ihrer Bedeutung unverändert; so steht „Staub" immer für „Vernichtung, Zerstörung, Krieg", „Herz" dagegen meist für eine aus der Empfindung oder Sympathie getroffene Entscheidung. „Gleichviel" ist ein Ausdruck für die Ambivalenz einer Entscheidung oder die Bedeutungslosigkeit eines Sachverhalts. Andere Begriffe wie „Gold" oder „Sonne" werden in völlig unterschiedlichen Kontexten verwendet; ihr Bedeutungswandel bringt den Entwicklungsprozess zum Ausdruck, den der Prinz durchläuft.

Bewusstseinsstufen als Sprachstufen

H. Arntzen hat in seinem Aufsatz (1981) nachgewiesen, dass dieser Entwicklungsprozess des Prinzen sich als Abfolge bestimmter Bewusstseinsstufen darstellt, dass die-

se Stufen jedoch nicht durch die Logik der Handlung miteinander verknüpft sind, sondern allein durch die poetisch gestaltete Abfolge von Sprachstufen. Diese Sprachstufen ergeben sich aus der Bedeutungsveränderung von Leitbegriffen und Sprachbildern, aber auch durch die Entsprechung und Variation von Versmustern, ja ganzen Dialogteilen (so etwa in V. 46–55). An dieser frühen Stelle des Stücks hat der Prinz noch überhaupt kein Bewusstsein seiner selbst. Er ist nur ein ‚junger Tor', ein Objekt, über den die anderen sprechen. Diese anderen, der Kurfürst und Hohenzollern, sprechen hier, meint Arntzen, als Repräsentanten der Kriegswelt. Ihr in ‚pompösem Stil' geführter Dialog ist von rhetorischen Ausrufen durchsetzt, so als würde das Reizwort „Lorbeer" ‚heroisches Sprechen' auslösen.
Anders dagegen in Szene V,10,1840–45:

Der Prinz von Homburg
Ach, wie die Nachtviole lieblich duftet!
– Spürst du es nicht?
Stranz kommt wieder zu ihm zurück.
Stranz Es sind Levkojn und Nelken.
Der Prinz von Homburg
Levkojn? – Wie kommen die hierher?
Stranz Ich weiß nicht. –
Es scheint, ein Mädchen hat sie hier gepflanzt.
– Kann ich dir eine Nelke reichen?
Der Prinz von Homburg Lieber! –
Ich will zu Hause sie ins Wasser setzen.

Entsprechungen zwischen I,1 und V,10

Diese Dialogstelle gleicht nach ihrem Inhalt, aber auch ihrem Aufbau auf verblüffende Weise den Versen 46–55. Wieder stehen Pflanzen im Mittelpunkt des Dialogs, nach deren Herkunft gefragt wird; wobei die Antwort zuerst unbekannt ist, dann jedoch eine Vermutung geäußert wird. Und doch hat sich vieles auf eine bezeichnende Weise geändert. Verändert hat sich der Sprachgestus: in I,1 ein rhetorisch überladenes Sprechen mit Appositionen, Inversion, Wiederholung der in der Frage steckenden Behauptung; in V,10 ein direktes, einfaches Sprechen ohne jeden ‚rhetorischen Apparat'; nicht zwei

Rollenträger sprechen herablassend über einen Dritten, sondern zwei in ihrer Empfindung für die Schönheit der Blumen Gleichgestellte sprechen in vertraulichem Ton miteinander. Verändert hat sich auch der Gegenstand des Sprechens: In I,1 geht es um ein allegorisches Blatt, den Lorbeer, in V,10 dagegen um reale Blumen der Natur. Hier, in der vorletzten Szene des Stücks, wird, so meint Arntzen, der Irrtum des heroischen Sprechens aus Szene I,1, in der poetischen Entsprechung und Variation beider Szenen, aufgehoben durch ein ganz subjektives und unverstelltes Sprechen. Die poetische Form bringt zum Ausdruck, dass der Prinz erst hier, kurz vor seinem als sicher geglaubten Tod, ganz zum Bewusstsein seiner selbst gefunden hat.

Unverstelltes Sprechen im Bewusstsein seiner selbst

Historische Hintergründe und Homburg-Legende

Geschichtsdrama?

Obwohl Kleists Drama einen historischen Stoff gestaltet, kann man es nicht als Geschichtsdrama bezeichnen. Das Geschichtsdrama in seinen klassischen Ausprägungen (etwa in Schillers *Wallenstein*-Trilogie und in Goethes *Götz von Berlichingen* und *Egmont*) stellt sich nicht die Aufgabe, die etwa im 20. Jahrhundert das dokumentarische Theater verfolgt: eine möglichst in allen Einzelheiten objektive Darstellung historischer Ereignisse zu liefern. Das klassische Geschichtsdrama sucht vielmehr, am konkreten historischen Stoff die überzeitlich wirksamen geschichtsbildenden Mächte in ihrer tragischen Konstellation aufzuzeigen. Dem Autor des Geschichtsdramas war es deshalb auch erlaubt, den Stoff in seiner dichterischen Gestaltung so zu verändern, dass seine überhistorische Gestaltungsabsicht erfüllt werden konnte – etwa durch die Komprimierung historischer Ereignisse oder auch durch die Aufnahme von historisch nicht verbürgten Personen und Handlungselementen. Gleichwohl musste doch auch, da es sich um ein Geschichtsdrama handelte, der objektive Kern der historischen Ereignisse im Drama erkennbar bleiben. Wie wenig dies in Kleists Drama der Fall ist, wird schon bei einem flüchtigen Blick auf die Biografie des historischen Prinzen von Homburg und die Ereignisse der Schlacht von Fehrbellin bzw. deren historischen Zusammenhang deutlich.

Darstellung geschichtsbildender Mächte

Prinz Friedrich von Hessen-Homburg (1633–1708)

Prinz Friedrich von Hessen-Homburg – der Vorname Arthur ist Kleists Erfindung – war zum Zeitpunkt der Schlacht von Fehrbellin (1675) kein träumerischer Jüngling, wie Kleist ihn schildert, sondern ein 42-jähriger erfahrener Berufssoldat, der seine Karriere 21 Jahre zuvor in den Diensten des jetzigen Gegners begonnen hatte, außerdem zum zweiten Mal verheiratet und mehrfacher

Familienvater. Er war am 30.3.1633 als jüngster Sohn von Friedrich I., Landgraf von Hessen zu Homburg (1585–1638), in dem kleinen hessischen Städtchen Homburg geboren worden. Er stammte aus einer nicht-regierenden, wenig begüterten Seitenlinie der Landgrafen von Hessen-Darmstadt. Für einen jungen, unbegüterten Mann von Stand, der auf einen Brotberuf angewiesen war, kam damals nur die Offizierslaufbahn in Frage, und so tritt der Prinz 1654 in schwedische Dienste. Dass ein junger deutscher Adliger in die Dienste einer ausländischen Macht trat, war damals nichts Ungewöhnliches. Das 17. Jahrhundert kannte noch keine nationalen Armeen, sondern nur Söldnerheere, die nur zum Teil aus Landeskindern bestanden und oft auch von ausländischen Berufsoffizieren befehligt wurden. Schweden beherrschte Mitte des 17. Jahrhunderts nicht nur weite Teile des Ostseeraums einschließlich des Baltikums und Finnlands, sondern war seit dem Dreißigjährigen Krieg (1618–1648) durch den Besitz des Bistums Bremen, Vorpommerns mit der Odermündung und der Insel Rügen auch eine deutsche Macht. Der junge deutsche ‚Oberst zu Ross' in schwedischen Diensten nimmt dann ab 1655 mit seinen Truppen an dem fünfjährigen Nordischen Krieg teil, den der damalige schwedische König Karl X. gegen Polen vom Zaun brach und der sich bald von einem lokalen Konflikt zu einem europäischen Krieg ausweitete. Am 16.1.1659 verliert der Prinz bei der vergeblichen Belagerung Kopenhagens durch eine Kanonenkugel sein rechtes Bein. 1660 muss er demissionieren und heiratet wenig später eine um 30 Jahre ältere, zweifach verwitwete und sehr wohlhabende schwedische Adlige. Mit dem Geld seiner Frau erwirbt der Prinz große Güter im Brandenburgischen und lässt sich dort als Gutsherr und Unternehmer (Glashütten, Eisenhütten, Sägereien) nieder. 1670, seine erste Frau ist inzwischen gestorben, heiratet er die 24-jährige Prinzessin Louise Elisabeth von Kurland, eine Nichte seines neuen Landesherrn, des Großen Kurfürsten Friedrich Wilhelm von Brandenburg (1620–1688) und tritt bald darauf als

Offizier in schwedischen Diensten (1655–1660)

Gutsherr in Brandenburg (1661–1670)

Brandenburgischer General (1670–1678)

General der Reiterei in den brandenburgischen Militärdienst.

Brandenburg-Preußen unter Kurfürst Friedrich Wilhelm

Brandenburg war damals ein Teilstaat des Heiligen Römischen Reiches Deutscher Nation, das im 17. Jahrhundert aber nur noch einen lockeren Staatenbund aus mehr als 350 unabhängigen Territorien darstellte. In der Regierungszeit des Großen Kurfürsten (1640–1688) begann Brandenburg-Preußen, nach Österreich zur zweiten bedeutenden Macht auf deutschem Boden zu werden. Das Staatsgebiet Brandenburg-Preußens bestand damals im Wesentlichen aus drei geografisch nicht miteinander verbundenen Territorien: dem eigentlichen Kurfürstentum Brandenburg mit der Hauptstadt Berlin; den weit entfernt im Westen liegenden Besitzungen am Niederrhein, im Ruhrgebiet und in Ostwestfalen und dem ehemaligen Herzogtum Preußen, das, außerhalb des Reichsgebiets liegend, 1619 durch Erbschaft an Brandenburg gekommen war und weite Teile des späteren Ostpreußen umfasste.

1674/75: Reichskrieg und Einfall der Schweden

Um die Jahreswende 1674/75 beteiligt sich der Kurfürst mit seiner Hauptarmee an einem Reichskrieg gegen Frankreich am Oberrhein und im Elsass. Die vorwurfsvolle Erinnerung des Prinzen seitens des Kurfürsten in Kleists Drama, er habe ihm jüngst am Rhein zwei Siege verscherzt, entspricht nicht der historischen Wahrheit. Bei dem Feldzug, der für die Brandenburger nicht sehr erfolgreich verlief, gab es lediglich einen Streit zwischen dem Kurfürsten und dem Prinzen wegen der Besteuerung der brandenburgischen Besitzungen Homburgs.

Anfang 1675 erfährt der Kurfürst, dass eine schwedische Armee unter Führung des Feldmarschalls Wrangel von Vorpommern aus nach Brandenburg eingefallen war, ein Vorstoß auf Betreiben des mit Schweden verbündeten Frankreich. Während die Schweden im Frühjahr nahezu ungehindert bis in die Uckermark im Norden Berlins vordringen können, befindet sich der von der Gicht geplagte Kurfürst immer noch mit dem brandenburgischen Hauptheer in seinem Winterquartier in Schweinfurt. Da es ihm bis Ende Mai trotz eifriger diplomatischer Bemühungen nicht gelingt, militärischen Beistand zu erhalten, bricht er Anfang Juni von Schweinfurt auf und führt die Armee in Eilmärschen bis Magdeburg, das am 21. 6. erreicht wird. Die Schweden haben inzwischen die Städte Havelberg, Rathenow und Brandenburg genommen, sodass der Kurfürst von seiner Hauptstadt abgeschnitten ist. Das Überraschungsmoment ausnutzend, gelingt es der zahlenmäßig unterlegenen brandenburgischen Armee, die Stadt Rathenow zurückzuerobern. Das schwedische Heer war jetzt in zwei Armeen aufgesplittert. Den ortskundigen Brandenburgern gelingt es, die südliche Armee einzuholen, bevor sie sich mit der Nordarmee vereinigen konnte. Am Morgen des 28.6. kann die Vorhut der brandenburgischen Reiterei unter dem Kommando des Prinzen die schwedische Südarmee einige Meilen vor der Ortschaft Fehrbellin stellen und zur Schlacht zwingen, die mit einem großen Sieg der brandenburgischen Reiterei endet, da die Schweden nicht nur mit 2000 Gefallenen viermal so hohe Verluste wie die Brandenburger erleiden, sondern auch den Großteil ihrer Ausrüstung und Waffen zurücklassen müssen. Es kommt an diesem Tag zwar zu Misshelligkeiten zwischen dem Kurfürsten und dem Prinzen, da der Prinz mit seinen von der tagelangen Verfolgung des Gegners übermüdeten Truppen den Schweden nicht mehr nachzusetzen vermochte. Es ist jedoch in den Quellen über den Tag von Fehrbellin – die wichtigste und zuverlässigste ist das Kriegstagebuch des Herrn von Buch (1646–1687), der 1674–1683 an allen brandenburgischen Feldzügen teilnahm – von einer Insubordination des Prinzen oder gar einem Kriegsgerichtsprozess nicht die Rede.

28. 06. 1675: Schlacht von Fehrbellin

Insubordination historisch nicht verbürgt

Bis Ende 1675 gelingt es den Brandenburgern, fast ganz Vorpommern zurückzuerobern. 1679 muss Friedrich Wilhelm jedoch – durch den Frieden von St. Germain zwischen Frankreich (und seinen Verbündeten, darunter Schweden) und dem Deutschen Reich gezwungen – zähneknirschend alle den Schweden abgerungenen Gebiete wieder räumen.

Der Große Kurfürst war alles andere als ein brandenburgisch-preußischer oder gar deutscher Patriot, als den ihn

Der Große Kurfürst als Realpolitiker

Kleist darstellt. In erster Linie ging es ihm um die Festigung seiner Autorität im Inneren und die Erweiterung und Sicherung seiner Besitzungen nach außen; seine Kriege waren, sieht man einmal vom Feldzug des Jahres 1675 ab, keine Befreiungskriege, sondern wohldurchdachte und begrenzte militärische Operationen, die er durch eine rein zweckorientierte Außenpolitik absicherte. Nach 1679 wendet er sich z. B. Frankreich zu und unterstützt dessen gegen das Reich und Habsburg gerichtete Eroberungspläne im Elsass und in Süddeutschland, obschon oder vielleicht gerade weil er im Frieden von St. Germain am eigenen Leibe erfahren musste, dass Frankreich damals die stärkste Macht in Europa war, gegen die Krieg zu führen auf Dauer nur Schwächung der eigenen Position bedeuten konnte. Der Prinz von Homburg war im Übrigen schon 1678 aus der brandenburgischen Armee ausgeschieden; er hat später die Herrschaft in seinem hessischen Hausbesitz übernommen und ist am 24. 1. 1708 in Homburg gestorben.

Homburg-Legenden

Über die Schlacht von Fehrbellin haben sich in der Folgezeit Legenden gebildet, in denen von einer Insubordination des Prinzen, seinem voreiligen Eingreifen in die Schlacht, seiner Verhaftung und Begnadigung die Rede war und die auch Kleist wieder aufgegriffen hat. Diese Legenden gehen wohl ursprünglich auf unsichere mündliche Überlieferungen zurück, die jedoch kein Geringerer als König Friedrich II. im Jahre 1751 in seinen auf Französisch verfassten *Mémoires pour servir à l'histoire de la Maison de Brandebourg* aufgegriffen und ausgeschmückt hat. Friedrich lässt den Kurfürsten zum Prinzen sagen:

Urheber Friedrich II.

> „Wenn ich Euch nach der Strenge des Kriegsgesetzes richtete, hättet ihr das Leben verwirkt. Aber verhüte Gott, daß ich den Glanz eines solchen Glückstages beflecke, indem ich das Blut eines Fürsten vergieße, der ein Hauptwerkzeug meines Sieges war!" (EuD, S. 60 f.)

Friedrichs Geschichtswerk ist kein Werk objektiver Geschichtsschreibung, sondern in erster Linie ein Versuch, durch die Darstellung historischer Ereignisse aus der

Vergangenheit Brandenburg-Preußens die Autorität des Herrscherhauses und dessen Legitimität als Vorbedingung des Ruhms preußischer Kriegstaten herauszustreichen, was auch seine Darstellung der ‚Homburg-Episode' spürbar werden lässt.

Nach 1790 ist diese ‚Homburg-Legende' in mehreren ‚Geschichtswerken' wieder aufgegriffen worden, in denen der Prinz als Jüngling dargestellt wurde, zuletzt in dem von dem Feldprediger Karl Heinrich Krause (1771–1841) im Jahre 1803 veröffentlichten Lesebuch *Mein Vaterland unter den hohenzollernschen Regenten*, das auch Kleist als Quelle gedient hat. Seit 1804 musste den Gebildeten in Preußen jedoch klar sein, dass diese Homburg-Überlieferung nur eine Legende und keineswegs historische Tatsache war. Am 25.1.1804 hielt nämlich der deutsche Historiker und 1972 zum Historiografen der brandenburgischen Geschichte ernannte Jean Pierre Erman (1735–1814) einen öffentlichen Vortrag, der wenig später auch als Druckschrift veröffentlicht wurde, in dem er die Homburg-Darstellung Friedrichs II. und auch Krauses als Legende entlarvte und eine historisch richtige Darstellung der Ereignisse von Fehrbellin lieferte.

1804: Widerlegung der Homburg-Legende

Es darf vermutet werden, dass auch Kleist diese objektive Darstellung Ermans bekannt war. Trotzdem greift Kleist in seinem Stück wieder auf die ‚Homburg-Legende' zurück und verschärft deren Grundkonflikt. Auch andere wichtige Details stimmen nicht mit der historischen Wirklichkeit überein: die Schlachtordnung von Fehrbellin, der Handlungsort eines Schlosses zu Fehrbellin und die frei erfundene Person der Prinzessin Natalie.

Kleists Anliegen

Es ging Kleist also offensichtlich gar nicht um die Darstellung historischer Ereignisse, auch nicht um die überzeitlichen Wirkmächte der Geschichte. Ihn interessierte vielmehr der effektvolle, zudem mit vaterländischen Affekten aufgeladene Fall, an dem beispielhaft das Verhältnis von Individuum und Gesellschaft im absolutistischen Staat veranschaulicht werden konnte. Dabei zielt die ‚politische Utopie' des Stücks viel eher auf die politische Situation seiner eigenen Zeit als auf die Geschichte.

Heinrich von Kleist in seiner Zeit

Kleist als Außenseiter der Literaturgeschichte

Heinrich von Kleist gehört zu den großen Außenseitern in der deutschen Literaturgeschichte; sein relativ schmales Werk sperrt sich gegen eine Zuordnung zu einer literarischen Epoche oder Schule. So steht der Dramatiker Kleist in der radikalen Subjektivität und bestürzenden Irrationalität seiner dichterischen Aussage in denkbar größtem Gegensatz zum objektiv-rationalen und idealisierenden Geist der Weimarer Klassik, die im ersten Jahrzehnt des 19. Jahrhunderts noch den Maßstab dramatischer Dichtung darstellte. Ein weitgehend unverstandener Außenseiter blieb Kleist nicht nur als Dichter im literarischen Leben seiner Zeit, schon der Beruf des Schriftstellers machte ihn, den Adligen, zum Außenseiter der preußischen Gesellschaft. In gewisser Hinsicht war das Leitmotiv seines letzten Dramas, *Prinz Friedrich von Homburg*, die Versöhnung zwischen freiem Individuum und gesellschaftlicher Ordnung, auch das Leitmotiv seines eigenen Lebens. Das Bemühen um solche Versöhnung endete jedoch in der preußischen Gesellschaft des Jahres 1811 mit dem Freitod des Dichters. Kleists Lebenszeit fällt zudem in eine Epoche tief greifender Umbrüche in der preußisch-deutschen Geschichte und Gesellschaft, Umbrüche, die auch in Leben und Werk des Dichters ihren Widerhall finden.

Kleist als sozialer Außenseiter

Kleists Herkunft und Jugend

Geburt am 18. 10. 1777 als Spross einer Adelsfamilie

Bernd Wilhelm Heinrich von Kleist wird am 18. 10. 1777 als Spross einer namhaften preußischen Adelsfamilie in Frankfurt/Oder geboren. Sein Großonkel war Ewald von Kleist (1715–1759), der fast 20 Jahre seines Lebens als

Offizier in der Armee Friedrichs II. diente und doch zugleich ein bedeutender Dichter der Aufklärung war. Heinrich von Kleists Vater, der bereits 1788 starb, war ebenfalls Stabsoffizier in den letzten Lebensjahren des ‚großen Friedrich'. Dem Adel als dem ersten Stand des Staates war in Preußen die Offizierslaufbahn und auch die gehobene Beamtenlaufbahn vorbehalten; andere Berufskarrieren, etwa akademische oder gar freie Berufe, galten für Adlige als standeswidrig. So tritt auch der kaum 15-jährige Kleist im Jahr 1792 in das preußische Garderegiment zu Potsdam ein. Von Ende 1792 bis zum Basler Sonderfrieden (1795) nimmt Kleist am Ersten Koalitionskrieg der alten Feudalmächte Preußen, Österreich und Russland, unterstützt von England, gegen das revolutionäre Frankreich in Süddeutschland teil. Aus dieser Zeit wie auch aus den folgenden Jahren seines Lebens als junger Leutnant in der Potsdamer Garnison sind nur wenige Lebenszeugnisse und nur zwei Briefe erhalten. 1798 verfasst Kleist für seinen Freund Rühle von Lilienstern einen „Aufsatz, den sicheren Weg des Glücks zu finden und ungestört – auch unter den größten Drangsalen des Lebens – ihn zu genießen." Kleist gibt sich hier als Anhänger der auf rationale Vernunft und Tugend zielenden Philosophie der Aufklärung zu erkennen und dies zu einem Zeitpunkt, da schon seit zehn Jahren die reaktionäre Kulturpolitik des Hofes versuchte, gegen den Geist der Aufklärung den orthodox-lutherischen Protestantismus gleichsam als Staatsreligion wiederzubeleben.

1792: Eintritt in den Militärdienst

Aufgeklärte Gedanken in reaktionärer Zeit

Kleist war aber nicht nur kritisch gegen den reaktionären Zeitgeist eingestellt, er nahm auch mehr und mehr Anstoß an dem ungeistigen, nur auf Drill und Gehorsam aufgebauten Leben in einer preußischen Garnison. Schon während seiner Dienstzeit widmet er sich mathematischen und philosophischen Studien und nimmt schließlich im April 1799 seinen Abschied vom Militär – ein ganz und gar unstandesgemäßer Vorgang. In einem langen Brief an seinen Lehrer Christian Ernst Martini erläutert er seinen umfassenden Lebensplan, sich

Kritik am Offiziersberuf – Abschied vom Militär

dem Studium der Wissenschaften zu widmen und legt die Gründe für seinen Abschied dar:

> „Die größten Wunder militärischer Disziplin, die ein Gegenstand des Erstaunens aller Kenner waren, wurden der Gegenstand meiner herzlichsten Verachtung, die Offiziere hielt ich für so viele Exerziermeister, die Soldaten für so viele Sklaven, und wenn das ganze Regiment seine Künste machte, schien es mir als ein lebendiges Monument der Tyrannei. Dazu kam noch, daß ich den übeln Eindruck, den meine Lage auf meinen Charakter machte, lebhaft zu fühlen anfing. Ich war oft gezwungen, zu strafen, wo ich gerne verziehen hätte, oder verzieh, wo ich hätte strafen sollen, und in beiden Fällen hielt ich mich selbst für strafbar. In solchen Augenblicken mußte natürlich der Wunsch in mir entstehen, einen Stand zu verlassen, in welchem ich von zwei durchaus entgegengesetzten Prinzipien unaufhörlich gemartert wurde, immer zweifelhaft war, ob ich als Mensch oder als Offizier handeln mußte; denn die Pflichten beider zu vereinen, halte ich bei dem jetzigen Zustande der Armeen für unmöglich.“ (SW II, 479)

Kleists Traum vom Ruhm

Am 20. 5. 1802 schreibt der 24-jährige Kleist von der Aarinsel im Thuner See in der Schweiz seinen letzten Brief an seine Verlobte Wilhelmine von Zenge in Frankfurt/Oder:

> „Ich werde wahrscheinlicher Weise niemals in mein Vaterland zurückkehren. Ihr Weiber versteht in der Regel ein Wort in der deutschen Sprache nicht, es heißt Ehrgeiz. Es ist nur ein einziger Fall, in welchem ich zurückkehre, wenn ich der Erwartung der Menschen, die ich törichter Weise durch eine Menge von prahlerischen Schritten gereizt habe, entsprechen kann. Der Fall ist möglich, aber nicht wahrscheinlich. Kurz, kann ich nicht mit Ruhm im Vaterlande erscheinen, geschieht es nie. Das ist entschieden, wie die Natur meiner Seele.“ (SW II, 726)

Was war geschehen, dass der junge Adlige seine Heimat verlassen hatte, und welcher Art hätte der Ruhm sein können, der ihn doch in sein Vaterland hätte zurückbringen können?

Kleist hatte drei Jahre zuvor die Armee verlassen, um sich der Wissenschaft zu widmen; er hatte einen Lebensplan entworfen, hatte sich mit der Offizierstochter Wilhelmine von Zenge verlobt und bei seinem Abschied seinem König gegenüber verlauten lassen, er wolle sich nach Abschluss seines Studiums um eine Anstellung in der Staatsverwaltung bewerben. Diese Lebenspläne waren Versuche, halbwegs die gesellschaftlichen Rollenerwartungen zu erfüllen, die seine Familie und sein Souverän an ihn stellten. Diesen Erwartungen konnte er jedoch nicht gerecht werden, setzte er doch alles daran, seinen eigenen Weg zu gehen, ohne noch recht zu wissen, wohin ihn dieser Weg führen könnte.

1799/1800: Scheitern eines gesellschaftskonformen Lebensplans

Kleist sucht, von allen persönlichen Bindungen befreit, Ruhm auf dem Felde der Dichtkunst zu erlangen. In der Schweiz arbeitet er fieberhaft an einer Tragödie über Robert Guiskard, Herzog der Normannen. Anfang 1803 ist er bei dem alten Dichter Christoph Martin Wieland in Ossmannstedt in der Nähe von Weimar zu Gast, der als einer der ersten und wenigen höchste Anerkennung für den jungen Dramatiker findet. Aber Kleist kommt mit diesem Werk nicht zu Rande. Wieder reist er mit dem Geld seiner Schwester durch Europa; im Oktober 1803 ist er erneut in Paris, verbrennt das Manuskript des Guiskard und geht – eine Verzweiflungstat – in den Norden Frankreichs, um in die napoleonische Armee einzutreten. Der preußische Gesandte kann Kleist nach Paris zurückholen, immer noch weigert er sich, in sein Vaterland zurückzukehren. Erst im Juni 1804 ist sein Widerstand gebrochen; er geht nach Berlin zurück und wird, nach einigem würdelosen Antichambrieren, in der Finanzverwaltung des Staates, dem Domänendirektorium, angestellt. Kleist führt in den nächsten beiden Jahren eine Doppelexistenz. Er arbeitet mit wenig Engagement in der preußischen Finanzverwaltung und wird im April 1805 von seinem Dienstherrn nach Königsberg abgeordnet, um bei dem berühmten Nationalökonomen

Revolution in der Dichtkunst: Robert Guiskard

Juni 1804: Rückkehr und Doppelexistenz (Finanzbeamter und Dichter)

Christian Jacob Kraus zu studieren, dessen Wirtschaftstheorien die preußischen Reformer entscheidend geprägt haben. Daneben schreibt er auch wieder (*Der zerbrochne Krug, Amphitryon*, die ersten Auftritte der *Penthesilea* entstehen), seine ersten Bücher erscheinen. Aber Kleist vermag seine standesgemäße Rolle als Staatsbeamter nicht zu erfüllen, ebenso wenig wie er dies als Offizier vermochte. Im Sommer 1806 erbittet er einen sechsmonatigen unbezahlten Urlaub; er fühlt sich krank und ist des Staatsdienstes überdrüssig. Diesmal wird sich der Bruch Kleists mit der Gesellschaftsschicht, der er entstammt, und dem preußischen Staat, der wenige Wochen später nahezu zerschlagen sein wird, als endgültig erweisen. Kleist wird in der Öffentlichkeit seinen Adelstitel nicht mehr benutzen und nie wieder in ein Amt zurückkehren.

Preußen/Deutschland 1805–1811

Kleists literarisch produktive Lebensphase (1802–1811) fällt in eine Zeit großer geschichtlicher Umbrüche, die auch die erstarrte preußische Gesellschaft nicht unberührt gelassen und die Kleists weitere Entwicklung als Dichter nach 1807 geprägt haben.

Ein Mann bestimmt in den ersten 15 Jahren des 19. Jahrhunderts wie kein anderer die Geschicke Europas: Napoleon Bonaparte (1769–1821). Als jüngster General des revolutionären Frankreich ist Napoleon in den Koalitionskriegen, den Kämpfen der französischen Republik gegen die alten Feudalmächte Österreich, Preußen und Russland, unterstützt vom französischen Erbfeind England, zu Ruhm und Ehren gekommen. Im Herbst 1799 jagt Napoleon durch einen Staatsstreich das Direktorium, die Regierung der Republik, aus dem Amt und wird durch Plebiszit zum unumschränkten Herrscher Frankreichs, 1804 gar zum Kaiser der Franzosen. Innenpolitisch vollendet Napoleon insofern die Französische Revolution, als er einen modernen bürgerlichen Staat

Napoleon Bonaparte, Revolutionsgeneral

Staatsstreich 1799

Vollender der Französischen Revolution

errichtet mit einem effizienten, zentralistischen Verwaltungssystem, mit einem einheitlichen, vom Staat kontrollierten Erziehungswesen, einer bürgerlich-liberalen Wirtschaftsordnung und einem Rechtswesen, das in dem berühmten *Code civil* (1804) jedem Staatsbürger die Gleichheit vor dem Gesetz und das Recht auf Eigentum sichert sowie mit der Zivilehe und der Ehescheidung ein staatliches Ehe- und Familienrecht schafft; sehr eingeschränkt bleiben jedoch die politischen Freiheiten der Bürger (Zensur, Verbot politischer Parteien, politische Polizei). Außenpolitisch wird Frankreich dank seiner flexibel operierenden Volksarmee, in deren Reihen nicht mehr Söldner, sondern Wehrpflichtige kämpfen, und dank Napoleons überragender Feldherrenkunst zur Hegemonialmacht Europas.

Frankreichs Hegemonialpolitik

Das tausendjährige Heilige Römische Reich Deutscher Nation, seit dem Ende des Dreißigjährigen Krieges (1648) ohnehin nur noch ein lockerer Staatenbund von mehr als 350 nahezu souveränen Reichsständen, zu denen auch kleine und kleinste Reichsritterschaften mit kaum mehr als ein paar tausend Seelen gehören, und zusätzlich seit Mitte des 18. Jahrhunderts durch den Gegensatz der beiden größten Stände, Österreich und Preußen, entzweit, findet sein unrühmliches Ende durch die Expansionspolitik Napoleons.

1803–1806: Ende des Deutschen Reiches

1806 ist der vorläufige Tiefpunkt der deutschen Geschichte erreicht. Zahlreiche süd- und westdeutsche Fürsten (Bayern, Baden, Württemberg u.a.) begehen offenen Reichsverrat, treten aus dem Reichsverband aus und schließen sich unter dem Protektorat Napoleons zu einem Rheinbund zusammen, werden damit zu Vasallenstaaten Frankreichs, während Kaiser Franz II. gezwungen wird, am 6. 8. 1806 die Kaiserkrone niederzulegen. In diesem Augenblick aber rüstet Preußen, das dem Verfall des Reiches elf Jahre lang tatenlos zugesehen hat, zum Krieg gegen Napoleon. Die Kriegspartei am Hofe hat sich, viel zu spät und in einem denkbar ungünstigen Moment, durchzusetzen verstanden; im Juli 1806 ist zwar eine Verbindung zu Russland geknüpft worden, die

1806: Rheinbund – Abdankung Franz II.

Preußens Krieg zur Unzeit

jedoch fürs Erste militärisch noch unwirksam bleibt. Verbündet nur mit Sachsen und einigen kleinen mitteldeutschen Staaten erleidet die preußische Armee im Oktober 1806 bei Jena und Auerstädt eine vernichtende Niederlage. Regierung und Hof fliehen mit den letzten Armee-Einheiten nach Ostpreußen, Napoleon zieht als Sieger in Berlin ein. Jetzt weigert sich der König, Frieden zu schließen und hofft auf den Beistand der Russen. Nachdem eine russische Armee im Mai 1807 bei Friedland von den Franzosen geschlagen wurde, entschließt sich Napoleon, Zar Alexander I. den Frieden anzubieten, weil er Russland als Verbündeten in seinem Wirtschaftskrieg gegen England (Kontinentalsperre) zu gewinnen hofft.

Jena und Auerstädt

Während die Großmächte Russland und Frankreich Europa in zwei Interessensphären aufteilen, hat Preußen im Frieden von Tilsit (Juli 1807) die ganze Bürde der Niederlage zu tragen. Es verliert alle Gebiete westlich der Elbe und in Polen, muss seine Armee auf 42 000 Mann reduzieren und hat bis zur Ableistung hoher Kontributionen französische Besatzung zu ertragen. Im entscheidenden Moment erweist sich die preußische Armee, aber auch der überlebte Absolutismus der Staatsführung, als unfähig, der französischen Militärmacht die Stirn bieten zu können.

1807: Tilsiter Frieden (Tiefpunkt preußischer Geschichte)

Die tiefe Erniedrigung Preußens wird jetzt jedoch zum Ausgangspunkt einer tief greifenden Wandlung des preußischen Staates. Wenige Wochen nach dem Tilsiter Frieden wird der Freiherr vom und zum Stein (1757–1831) zum leitenden Minister, d.h. quasi zum Ministerpräsidenten Preußens berufen. Stein, der in der preußischen Provinzialverwaltung in Westfalen Karriere gemacht hatte, war ein überzeugter deutscher Patriot und glühender Hasser Napoleons. Er trat für eine evolutionäre Umgestaltung des Fürstenstaates ein. So wie der Philosoph Johann Gottlieb Fichte (1762–1814) in seinen *Reden an die deutsche Nation* (1807/08) geistige Freiheit als Voraussetzung einer politischen Erneuerung der deutschen Nation fordert, denkt Stein an eine politische Ein-

Reformbewegung in Preußen unter dem Freiherrn vom und zum Stein

bindung vornehmlich der bürgerlichen Schichten in die Entscheidungsprozesse des Staates als Voraussetzung einer politisch geeinten und handlungsfähigen Nation. 1808 erlässt Stein eine neue Städteordnung, die den Bürgern ein Selbstverwaltungsrecht ihrer Kommunen einräumt; regionale Parlamente als Mitwirkungsorgane bei der Gesetzgebung kommen jedoch nicht zustande, weil Stein bereits im November 1808 wieder entlassen wird. 1807 war bereits das Edikt zur Bauernbefreiung ergangen, das die Bauern aus der Erbuntertänigkeit entließ und einen wichtigen Schritt hin zur Rechtsgleichheit und zur Sicherung der persönlichen Freiheitsrechte bedeutete. Durch die Einrichtung von mit klaren Kompetenzen ausgestatteten Fachministerien wird die persönliche Kabinettsregierung des Königs abgelöst; freilich bleibt der König oberster Souverän. Weder Stein noch Hardenberg (1750–1822), der ab 1810 als leitender Minister die Reformen, wenn auch mit weniger weit reichenden Zielen als Stein, fortsetzt, beabsichtigen eine demokratische Umgestaltung des politischen Systems nach unserem heutigen Verständnis, allenfalls ein begrenztes Mitspracherecht der begüterten bürgerlichen Schichten. Hardenbergs Reformen zielen mehr auf die wirtschaftliche Entwicklung von Staat und Gesellschaft, so, wenn er den Zunftzwang aufhebt, Gewerbefreiheit einführt, auch Bürgerliche als Grundherren zulässt und ein neues, gerechteres Steuersystem entwickelt. Dagegen bleiben die bürgerlichen Freiheitsrechte eingeschränkt (Pressezensur).

Neue Städteordnung

Bauernbefreiung

Kabinettsreform

Hardenberg ab 1810 leitender Minister der Reformen

Finanzedikte

Wilhelm von Humboldt reformiert als preußischer Unterrichtsminister das Schulwesen (Einrichtung des humanistischen Gymnasiums) und gründet 1810 die Berliner Universität als Stätte akademischer Freiheit. Bedeutsam wird auch die Reform des Militärwesens durch Scharnhorst (1755–1813) und Gneisenau (1760–1831). Aus der Söldnerarmee wird schrittweise eine aus Wehrpflichtigen und Berufssoldaten gemischte Volksarmee, die sich auch in Strategie und Taktik der französischen Revolutionsarmee anpasst. Die Offizierslaufbahn

Wilhelm von Humboldt: Reform des Bildungswesens

Scharnhorst und Gneisenau: Reform des Militärwesen

wird jetzt allen Gesellschaftsschichten geöffnet, einzig die Befähigung soll über Beförderungen entscheiden. So wird die neu formierte Armee zur vorrangigen patriotischen und demokratischen Institution des Staates.

1808: Erwachender Patriotismus

1809: Österreichs Freiheitskampf

Nicht nur die Reformen in Preußen befördern einen neuartigen deutschen Patriotismus und Nationalismus; auch der Volksaufstand der Spanier gegen Napoleon, der durch die Absetzung des spanischen Herrscherhauses 1808 provoziert wird, beflügelt die deutschen Patrioten. In Preußen werden patriotische Vereinigungen gegründet; Stein selbst sympathisiert mit Ideen eines allerdings vom König geführten Volkskriegs, was indirekt zu seiner Entlassung führt: Ein Brief, in dem er solche Ideen offen geäußert hatte, wird von den Franzosen abgefangen, die daraufhin Friedrich Wilhelm III. erfolgreich unter Druck setzen, Stein zu entlassen. Nicht Preußen, sondern Österreich wagt dann 1809 den Freiheitskrieg gegen Napoleon. Auf sich allein gestellt, unterstützt nur von den Tiroler Bauern unter Andreas Hofer, die anfangs gegen die mit Frankreich verbündeten Bayern erfolgreich kämpfen, und in Norddeutschland durch einige preußische Freikorps, die gegen den Befehl ihres Königs in die Kämpfe eingreifen, kann die österreichische Hauptarmee Napoleon im Mai 1809 bei Aspern erstmals schlagen, erleidet dann jedoch wenige Wochen später bei Wagram eine vernichtende Niederlage.

1810–1812: Vorläufige Niederlage der Patrioten

So scheint es in den Jahren 1810–12 vorerst keine Hoffnung mehr zu geben für den jungen deutschen Nationalismus. 1811 müssen Preußen und Österreich sogar Militärbündnisse mit Napoleon eingehen. Dies geschieht im Zeichen einer sich abzeichnenden Konfrontation zwischen Frankreich und Russland, das sich mehr und mehr aus der Allianz mit dem Franzosenkaiser zu lösen beginnt, weil es durch Napoleons Polenpolitik seine Interessen verletzt sieht und sich wirtschaftlich nicht mehr imstande sieht, die Kontinentalsperre gegen England aufrechtzuerhalten. Die preußischen Militärführer hatten im Herbst 1811 darauf gedrungen, die Partei Russlands zu ergreifen und an dessen Seite einen unbedingten Freiheitskrieg gegen Napoleon zu führen. Der König selbst war es, der dieses schließlich auch von Hardenberg gewünschte Bündnis mit dem Zaren vereitelte. So müssen im Sommer 1812 preußische und österreichische Patrioten an der Seite von Hilfstruppen der deutschen Vasallenstaaten mit der Großen Armee nach Russland ziehen; und erst der Untergang dieses bisher größten Landheers der Geschichte beim Rückzug aus den Weiten Russlands entfacht den Freiheitswillen der Deutschen 1813 neu und führt zum entscheidenden Sieg über den „Weltenkaiser" Napoleon im Verein mit Russland in der Völkerschlacht bei Leipzig im Oktober 1813; diesmal ist es das preußische Offizierskorps, das – gegen den anfänglichen Widerstand des Königs – den entscheidenden Anstoß zum Befreiungskampf gibt, dem sich im Laufe des Jahres alle deutschen Staaten anschließen. Von der Einheit der Nation oder gar einer demokratischen Gesellschaft patriotisch gesinnter Bürger war jedoch nach dem Sieg keine Rede mehr; Deutschland blieb für viele Jahrzehnte geteilt in eine Vielzahl mehr oder weniger restaurativ-reaktionärer Fürstenstaaten.

1813–1815: Freiheitskampf und Restauration

Kleists Patriotismus

Zum Zeitpunkt der Katastrophe von Jena und Auerstädt im Herbst 1806 ist Kleist noch in Königsberg; er ist immer noch krank, leidet offenbar an vielfältigen psychovegetativen Störungen, die ihn, wie er an seine Schwester schreibt, an zwei von drei Tagen das Bett zu hüten zwingen. An seiner Verachtung und Ablehnung Napoleons lässt er keinen Zweifel:

> „Es wäre schrecklich, wenn dieser Wüterich [Napoleon] sein Reich gründete. Nur ein sehr kleiner Teil der Menschen begreift, was für ein Verderben es ist, unter seine Herrschaft zu kommen. Wir sind die unterjochten Völker der Römer. Es ist auf eine Ausplünderung von Europa abgesehen, um Frankreich reich zu machen."
> (SW II, 771)

Kleists Einstellung gegenüber Napoleon

Kleist teilt also keineswegs jene Bewunderung, die Napoleon, jenem „Weltgeist zu Pferde“, wie ihn der Philosoph G. W. F. Hegel einmal genannt hat, auch und gerade bei den Gebildeten unter den Deutschen zeitweise zuteil wurde. Mehr als die Nöte des geschlagenen Vaterlandes beschäftigen Kleist jedoch fürs Erste seine persönlichen Sorgen. Da er durch die Kriegswirren keine Nachrichten mehr von den Verlegern erhält, denen er den Text des *Amphitryon* eingereicht hatte, macht er sich Anfang 1807 in Begleitung zweier Freunde auf den Weg in das besetzte Berlin. Dort wird er ein Opfer der kriegerischen Ereignisse: Er wird von den französischen Besatzungstruppen festgenommen und mit seinen Begleitern unter Spionageverdacht nach Fort Joux bei Besançon verbracht, einige Wochen später dann nach Chalons-sur-Marne überstellt. Bald nach dem Tilsiter Frieden wird Kleist freigelassen. Er geht jedoch nicht in sein geschlagenes Vaterland zurück, sondern wendet sich in das mittlerweile ‚rheinbündische' Sachsen. In Dresden wird Kleist mit seinen Freunden Adam Müller, Rühle und Pfuel bald zum Mittelpunkt der literarisch interessierten Gesellschaft. Kleist hat sich jetzt für eine freiberufliche Existenz als Schriftsteller und Publizist entschieden. Bald aber stellen sich die ersten Misserfolge ein. Zwar wird im März 1808 mit der Aufführung des *Zerbrochnen Krugs* durch Goethes Weimarer Hoftheater zum ersten Mal ein Drama Kleists an einem Theater in Szene gesetzt; die Aufführung wird jedoch, nicht zuletzt durch die dramaturgischen Eingriffe Goethes und den dem Text nicht angemessenen Stil der Inszenierung, zu einem beispiellosen Misserfolg. Wenig erfolgreich verläuft auch Kleists Versuch, in Dresden, zusammen mit einigen Freunden, darunter Adam Müller, nach dem Vorbild von Schillers *Horen*, ein Kunstjournal, d. h. eine der zeitgenössischen Literatur und verwandten Bildungsgegenständen gewidmete Monatszeitschrift mit dem Titel *Phöbus* herauszugeben. Die Zeitschrift leidet von Anfang an unter der mangelnden Mitarbeit anerkannter Dichter und Autoren, aber auch an kriegsbedingten Vertriebsproblemen;

1807: Kleist als Kriegsgefangener

1808: Kleist in Dresden – *Phöbus*-Projekt

zudem werden die ersten Hefte, in denen Kleist vorwiegend Fragmente aus eigenen Werken abdruckt, von der Kritik sehr abschätzig rezensiert. So muss die Zeitung Ende 1808 ihr Erscheinen einstellen. Erst jetzt, nach dem vorläufigen Scheitern seiner literarischen Ambitionen, wandelt sich Kleist, unter dem Eindruck des durch den Aufstand der Spanier gegen Napoleon entfachten neuen deutschen Nationalismus, zu einem patriotisch gesinnten politischen Schriftsteller.

Kleist wird ‚politischer Autor'

Am 1. 1. 1809 schreibt er seinem ehemaligen Dienstvorgesetzten, dem Minister Stein zu Altenstein, einen Brief, in dem er seiner Hoffnung Ausdruck verleiht, das Vaterland möge bald „herrlicher, als jemals" wiedererstehen; für diesen Fall wolle er „lauter Werke schreiben, die in die Mitte der Zeit hineinfallen." (SW II, 820) Ein erstes ‚Zeitstück' *Die Hermannsschlacht*, hat er damals schon beendet. Dieses wohl umstrittenste Drama Kleists ist ein Tendenzstück reinsten Wassers; es schildert den durch Hermann, den Cheruskerfürsten, angeführten Freiheitskampf ‚deutscher' Stämme gegen das römische Invasionsheer, der mit der Schlacht im Teutoburger Wald (9 n. Chr.) einen erfolgreichen Höhepunkt erreicht. Das Stück ist eine bis ins Detail genaue parabolische Darstellung der politischen Situation von 1808 und zugleich ein Appell an einen zeitgenössischen Hermann, den nationalen Aufstand gegen den ‚Römer-Kaiser' Napoleon zu organisieren; diese Rolle wird wenige Monate später der österreichische Kaiser Franz I. übernehmen. Entgegen allen Versuchen der Kleist-Forschung, diesem Drama den Rang einer Tragödie beizumessen, bleibt *Die Hermannsschlacht* durch das Handlungsmuster des Protagonisten und seine ideologische Tendenz ein geradezu skandalöses Werk chauvinistischer Propaganda. Hermann ist ein Volksführer, dem zu seiner Absicht, den Feind zu vernichten, alle Mittel recht sind: Er handelt nicht nur als verschlagener Intrigant den römischen Besatzern gegenüber, sondern greift auch zu demagogischen Mitteln (Ausstreuen von Gräuelpropaganda), ja zu geradezu verbrecherischen Methoden (er befiehlt eini-

Werke aus der ‚Mitte der Zeit'

Die Hermannsschlacht: Chauvinistisches Tendenzstück

gen Cheruskern, als Römer verkleidet die eigenen Dörfer anzuzünden), um den Hass des Volkes gegen die Fremden zu schüren; selbst wehrlose Gefangene werden gnadenlos niedergemacht. Berechtigt fühlt sich Hermann zu solchem Tun – und dies ist die chauvinistische Botschaft des Stücks –, weil er dem Feind als Eroberer jede menschliche Qualität glaubt absprechen zu können. Der gleiche Ungeist spricht auch aus Kleists Ode „Germania an ihre Kinder“:

„Germania an ihre Kinder“

> „Alle Plätze, Trift' und Stätten,
> Färbt mit ihren Knochen weiß;
> Welchen Rab und Fuchs verschmähten,
> Gebet ihn den Fischen preis;
> Dämmt den Rhein mit ihren Leichen;
> Laßt, gestäuft von ihrem Bein,
> Schäumend um die Pfalz ihn weichen,
> Und ihn dann die Grenze sein!
> CHOR
> Eine Lustjagd, wie wenn Schützen
> Auf die Spur dem Wolfe sitzen!
> Schlagt ihn tot! Das Weltgericht
> Fragt euch nach den Gründen nicht!“ (SW I, 26 f.)

Kleist als österreichischer Propagandaschriftsteller

Mit solchen Texten erhofft sich Kleist im Jahre 1809 eine Karriere als österreichischer Propagandaschriftsteller. Gefördert vom österreichischen Gesandten in Dresden, Graf Buol, plant er die Herausgabe einer patriotischen Zeitschrift *Germania*, als Verlagsort ist Prag vorgesehen. Mit der Niederlage der Österreicher bei Wagram wird dann aber auch Kleists Zeitungsprojekt hinfällig. Kleist hatte schon eine Reihe von kleinen politischen Schriften für diese Zeitschrift verfasst, so einen „Katechismus der Deutschen“, der dem Bürgerkatechismus nachempfunden war, den die spanische Zentral-Junta in Sevilla in ihrem Kampf gegen Napoleon herausgegeben hatte. Aus diesen Schriften spricht nicht mehr nur, wie aus der *Hermannsschlacht*, eine Ideologie der totalen Mobilmachung gegen den Feind, sondern auch ein tief empfundener Glaube an Deutschland als eine Kulturnation, die keine politische Hegemonie anstrebe, sondern „deren ausge-

Die humane Seite des Patriotismus: Deutschland als Kulturnation

lassenster und ungeheuerster Gedanke noch, von Dichtern und Weisen, auf Flügeln der Einbildung erschwungen, Unterwerfung unter eine Weltregierung ist, die, in freier Wahl, von der Gesamtheit aller Brüder-Nationen gesetzt wäre." (SW II, 378) Das Reich, das es nicht im Kampf gegen die Franzosen als Volk, aber gegen Napoleon, der in seinem Tun alle Sittlichkeit mit Füßen tritt, wiederzuerrichten gelte, versteht Kleist als eine politische Institution, die dieser idealistisch verstandenen deutschen Nation sinnenfälligen Ausdruck verleihen soll. Dabei mischen sich auch ‚demokratische' Zwischentöne in Kleists Patriotismus: „Jede große und umfassende Gefahr gibt, wenn ihr wohl begegnet wird, dem Staat, für den Augenblick, ein demokratisches Ansehn", und ein tugendhafter Regent habe eine solche Lebensgefahr des Staates mit allen Mitteln, auch denen einer demokratisch gesinnten Volkserhebung, zu bekämpfen. Dies sind Gedanken, die auch die preußische Reformpartei (Stein, Gneisenau) 1808 vertreten hat. In der Schrift „Über die Rettung von Österreich" entwirft Kleist eine beispielhafte Proklamation des österreichischen Kaisers an sein Volk; von der Wiedererrichtung des untergegangenen Deutschen Reiches ist darin die Rede, aber auch davon, dass die Verfassung dieses neuen Deutschen Reiches nach Beendigung des Krieges auf einem „allgemeinen Reichstag" von den einberufenen „Ständen" festgelegt werden soll (SW II, 380, 382).

Reform des Reiches

Demokratische Zwischentöne

Prinz Friedrich von Homburg als Zeitstück

Inwiefern lässt sich nun auch Kleists letztes Drama als ein Werk verstehen, welches „in die Mitte der Zeit hineinfällt"? Und wenn dies zutrifft, wie lässt sich die patriotische Botschaft dieses Stücks deuten? Über die Entstehungsgeschichte des Stücks besitzen wir nur wenige Informationen. Bereits am 9.1.1809 hat Kleist in der königlichen Bibliothek in Dresden Krauses Lesebuch *Mein*

Entstehungsgeschichte des Stücks

Vaterland unter den hohenzollernschen Regenten ausgeliehen, eine wichtige Quelle des Dramas; und schon in Kleists patriotischem Jahr 1809 gibt es in der Schrift „Was gilt es in diesem Kriege" eine rhetorische Frage, die bereits die Eröffnungsszenen des Homburg-Dramas assoziiert:

> „Gilt es den Ruhm eines jungen und unternehmenden Fürsten, der, in dem Duft einer lieblichen Sommernacht, von Lorbeeren geträumt hat?" (SW II, 377)

Aber erst vom 19. 3. 1810 haben wir ein indirektes Zeugnis für die Fertigstellung des Stücks, als Kleist an seine Schwester Ulrike schreibt:

> „Jetzt wird ein Stück von mir, das aus der Brandenburgischen Geschichte genommen ist, auf dem Privattheater des Prinzen Radziwil gegeben, und soll nachher auf die Nationalbühne kommen, und, wenn es gedruckt ist, der Königin übergeben werden." (SW II, 835)

Sehr wahrscheinlich ist es jedoch zu keiner Aufführung des Stücks gekommen; erst 15 Monate später, am 21.6.1811, bietet Kleist seinem Verleger Georg Andreas Reimer das Stück zum Druck an, wobei er Reimer mitteilt, er beginne gerade mit der Abschrift des Dramas. Es kann also vermutet werden, dass das Manuskript von 1811, das als Druckvorlage diente, schon die Bearbeitung einer früheren, nicht erhaltenen Fassung des Dramas war. Das Manuskript von 1811 war auch nicht mehr der Königin Luise gewidmet, die schon am 19. 7. 1810 gestorben war, sondern der jungen Frau von Prinz Wilhelm, dem jüngeren Bruder des Königs, einer geborenen Prinzessin von Hessen-Homburg. Diese Widmungen lassen vermuten, dass Kleist sich mit dem Homburg-Drama dem preußischen Hof als vaterländischer Dichter empfehlen wollte. Dieser persönliche Nebenzweck des Dramas allein verbot, bei der bekannten zögerlichen Haltung des Königs dem nationalen Freiheitskampf gegenüber, eine allzu offene und offensichtliche tagespolitische Tendenz des Stücks, wie sie *Die Hermansschlacht* auszeichnete.

Widmung an Mitglieder des Hofes

Wenn Kleist mit dem Homburg-Drama seine patriotischen Vorstellungen dem Hofe als der politisch verantwortlichen Instanz nahe bringen wollte, musste er behutsam vorgehen. Das Stück enthält z. B. eine Fülle von beziehungsreichen, aber eher versteckten Anspielungen, so wenn sich in der Figur der Prinzessin Natalie Züge der Widmungsträgerin, der Prinzessin Amalie Marie Anne von Preußen wiederfinden lassen. Bedeutsam war auch, dass der Fall der Insubordination des Prinzen im Preußen von 1810 in Beziehung gesetzt werden musste zum Schicksal des Prinzen Louis Ferdinand (1772–1806), eines jüngeren Bruders des Königs. Louis Ferdinand, glänzender Soldat und Kopf der Kriegspartei von 1806, hatte ohne Befehl des Königs mit seiner Vorhut die napoleonischen Truppen attackiert und war bei Saalfeld, noch vor Jena und Auerstädt, gefallen.

Beziehungsreiche Anspielungen

Natalie: Prinzessin Amalie Marie Anne von Preußen

Der Prinz: Prinz Louis Ferdinand

Beziehungsreich zum Preußen des Jahres 1809 ist auch die Figur des Obristen Kottwitz, in der der Zeitgenosse den volkstümlichen, bereits betagten Feldmarschall Blücher (1742–1819) – Blüchers Frau war eine geborene Kottwitz – porträtiert finden mochte. Blücher, der in den Befreiungskriegen 1813/14 noch eine überragende militärische Rolle spielen sollte, hatte bereits am 18. 7. 1809 seinen Souverän ersucht, mit seinen Truppen die Elbe überschreiten zu dürfen, um den bedrängten Österreichern zu Hilfe zu eilen – in dieser Eigenständigkeit ähnelt er Kleists Kottwitz –, was ihm jedoch von König Friedrich Wilhelm III. untersagt worden war. Auch der historisch nicht verbürgte zweite Vorname des Prinzen, Arthur, damals in Deutschland ein völlig ungebräuchlicher Name, ist eine zeitgeschichtliche Anspielung auf den englischen Herzog von Wellington, Arthur Wellesley, der im September 1810 die Armee des französischen Generals Masséna in Portugal geschlagen hatte. Fasst man die Vielzahl von zeitgeschichtlichen Anspielungen ins Auge, dann kann das ‚Vermächtnis' des Prinzen von Homburg, seine Unterwerfung unter das Gesetz als Fanal eines Befreiungskampfes gegen die Schweden, zugleich als ein Appell an die damalige preußische Staats-

Kottwitz: Blücher

Arthur: Herzog von Wellington

Aufruf zum Befreiungskampf gegen Napoleon

führung betrachtet werden, den Befreiungskampf gegen Napoleon wieder aufzunehmen.

Vision einer neuen Gesellschaftsform im Drama

In gewissem Sinne liefert Kleists Homburg-Drama auch das Modell eines geeinten, wehrhaften Staatswesens, das einen militärischen Kampf erfolgreich gestalten konnte. Während das Staatsverständnis des Kurfürsten in den ersten drei Akten weitgehend legalistisch im Sinne eines historisch überkommenen Absolutismus bleibt, sich also nur am ‚Gesetz' orientiert, das ihm seine Machtfülle als legitim zuerkennt, wird doch in den Versen Natalies (V. 1129 f.) und in der langen Rede Kottwitz' (V. 1570–1608) ein anderes ganzheitliches Staatsverständnis deutlich: Neben dem Gesetz sollen die „lieblichen Gefühle" herrschen, d. h. Herrscher und Gefolgschaft sollen durch die Bande der Empfindung miteinander verknüpft sein; der dem Herrscher geschuldete Gehorsam ist derjenige eines freien Mannes, der seine Freiheit im Existenzkampf seines Vaterlandes dem Willen des Souveräns unterwirft. Diese mehr organische Ordnung, in der der Fürst als Primus inter Pares erscheint, in der der Ehrenkodex des Adels uneingeschränkt gilt, ohne dass der Herrscher ihn durch ‚Gesetze' einfordern müsste, und in der die Elite des Staates auf fast familiäre Weise einander verbunden ist, wird sowohl durch die Entscheidung des Prinzen als auch durch den Kurfürsten (Berufung des Prinzen als Richter in eigener Sache, Begnadigung des Prinzen) bestätigt. Eine solche Gesellschaft, in der das Lebensrecht des Einzelnen und der Lebenszweck der Gemeinschaft sich miteinander zu versöhnen vermögen, ist im Grunde eine konservative Utopie.

Romantische Staatstheorie (Adam Müller)

Das Gesellschaftsmodell des *Prinzen von Homburg* ähnelt den Grundzügen einer romantischen Staatsauffassung, wie sie Kleists Freund Adam Müller in seinen *Elementen der Staatskunst* (1808/09) entworfen hat. Nicht eine demokratische Gesellschaftsordnung wird da entworfen, sondern die Konzeption eines gottgewollten christlichen Ständestaats; das von Montesquieu in die Staatstheorie eingeführte Prinzip der Gewaltenteilung wird dagegen verworfen. Allerdings kritisiert dieses Staatsdenken auch den absolutistischen Staat, da dieser keine organische, alle Stände und alle Lebensbereiche umfassende, staatliche Ordnung geschaffen habe. Dass Kleist Grundgedanken solcher Staatsauffassung in sein Drama übernommen hat, lässt sich teilweise bis ins Detail nachweisen. 1810 hat Adam Müller z.B. Vorlesungen über Friedrich II. gehalten, in denen er den großen König folgendermaßen kritisiert:

> „Nur gewisse einzelne Kräfte des Menschen waren in Friedrichs Augen interessant für den Staat; ihre Verbindung und Contrastierung das Problem seiner Staatsweisheit, so daß das gesammte und anderweitige Privatleben und mit diesem alles Heiligste und Menschlichste, die Neigung des Menschen, ihr Gemüth, ihre Wissenschaft und ihre Religion, dem Staate, wie ein unbequemer Schweif nur nachschleppte." (Zit. nach: Häker, 1987, S. 68)

Im *Prinzen von Homburg* gemahnt Kottwitz den Kurfürsten, das Heer nicht als bloßes Werkzeug zu gebrauchen, sondern dessen glühende „Empfindung" für seinen Herrn in seine „Staatskunst" einzubeziehen (V. 1584f.). Kleists Drama hat also ohne Zweifel eine politische Botschaft: Es zeigt am Beispiel eines ‚Falles' aus der vaterländischen Geschichte eine idealtypisch den Gegensatz von Individuum und Gesellschaft versöhnende ständische Gesellschaft. Nur sie allein wird für fähig erachtet, den Befreiungskampf siegreich zu bestehen. Das Stück erteilt zugleich der politischen Führungsschicht von 1810 einen ‚Auftrag'. Dass das Schauspiel als poetische Gattung zu solchem Auftrag berufen war, entsprach zumindest der hohen Einschätzung der Poesie, die sich bei Gneisenau, einem der bedeutendsten preußischen Reformer, findet:

Politische Botschaft

Gneisenaus Begriff der Poesie

> „Religion, Gebet, Liebe zum Regenten, zum Vaterland, zur Tugend sind nichts anderes als Poesie, keine Herzenserhebung ohne sie [...]. Auf Poesie ist die Sicherheit der Throne gegründet." (Zit. nach. Häker, 1987, S. 92)

Wenn die vaterländischen Gefühle der Menschen bei Gneisenau als Poesie verstanden werden, sollte da nicht auch die Dichtung im engeren Sinne als ‚Krieg führende Macht' auftreten können?

Poetischer Traum und preußische Realität 1811

Die zutiefst poetische Gestaltung des Gesellschaftlichen und des Patriotischen bei Kleist, die Versöhnung von Individuum und staatlicher Ordnung im Zeichen des Befreiungskampfes, blieb jedoch angesichts der politischen Haltung des Hofes, wie in Kleists Drama schon ironisch angemerkt ist (V. 1856), ein Traum. Und so schreibt ein tief deprimierter Kleist elf Tage vor seinem Tod angesichts des bevorstehenden, vom König geförderten Militärbündnisses mit Napoleon:

> „Was soll man doch, wenn der König diese Allianz abschließt, länger bei ihm machen? Die Zeit ist ja vor der Tür, wo man wegen der Treue gegen ihn, der Aufopferung und Standhaftigkeit und allen anderen bürgerlichen Tugenden, von ihm selbst gerichtet, an den Galgen kommen kann." (SW II, 884)

Kleists persönliche Tragödie

Kleists Freitod am 21. 11. 1811

Am Nachmittag des 21. November 1811 tötet Kleist die mit ihm befreundete Henriette Vogel und unmittelbar darauf sich selbst mit Pistolenschüssen. Dieser gemeinsame Freitod war schon lange geplant und bis ins Detail vorbereitet worden. In den Stunden vor ihrem Tod sind beide von euphorischen Glücksgefühlen erfüllt, die Kleist im dritten Unsterblichkeitsmonolog des *Prinzen von Homburg* (V. 1830–39) schon vorweggenommen hatte. So schreibt Kleist kurz vor seinem Tod an seine Kusine:

> „Meine liebste Marie, wenn Du wüßtest, wie der Tod und die Liebe sich abwechseln, um diese letzten Augenblicke meines Lebens mit Blumen, himmlischen und irdischen, zu bekränzen, gewiß Du würdest mich gern sterben lassen [...]. Morgens und abends knie ich nieder, was ich nie gekonnt habe, und bete zu Gott; ich kann

> ihm mein Leben, das allerqualvollste, das je ein Mensch geführt hat, jetzo danken, weil er es mir durch den herrlichsten und wollüstigsten aller Tode vergütigt." (SW II, 887)

Patriotisches Opfer oder Krankheitssymptom?

Kleists Freitod hat durch seine Biografen vielfache Deutungen erfahren. Die deutschnationale Kleist-Forschung hat den Grund für Kleists Selbstmord in seiner Verzweiflung über die politische Situation seines Vaterlandes gesehen, hat diese Tat gar als vaterländisches Opfer gepriesen. Andere Biografen sehen in Kleists Freitod den Ausdruck einer tiefen seelischen Störung. Beide Deutungen übersehen, dass Kleist bei seinem Tod ökonomisch nahezu ruiniert war. Er konnte weder hoffen, vom Schreiben leben zu können, noch von seinem Staat erneut eine Anstellung erhalten. Kleist lebte seit seiner Rückkehr nach Berlin Anfang 1810 in den ärmlichsten Verhältnissen; mit seinen Erzählungen (1. Band 1810, 2. Band 1811) kann er nur kümmerliche Einnahmen erzielen. Seine Stücke werden, mit Ausnahme des *Käthchen von Heilbronn* 1810 in Wien, nicht aufgeführt.

1810/1811: *Berliner Abendblätter*

Ab dem 1. 10. 1810 unternimmt Kleist mit der Übernahme der Redaktion der *Berliner Abendblätter* einen letzten Versuch, sich zumindest als Journalist eine berufliche Existenz aufzubauen. Die *Berliner Abendblätter* sind die erste regelmäßige Tageszeitung Berlins. Anders als mit dem *Phöbus*, der auf eine elitäre Zielgruppe literarisch Gebildeter zugeschnitten war, sucht Kleist, der die Konzeption des Blattes entwarf und im ersten Quartal die Mehrzahl der Artikel selbst verfasste, mit dieser neuen Zeitung die breite Öffentlichkeit zu erreichen. Die *Abendblätter* bringen eine Vielzahl von Meldungen zum internationalen Geschehen – die von Kleist geschickt zusammengestellte und redigierte Auswahl der Nachrichten lässt eine deutliche, wenn auch nirgendwo offen ausgesprochene, antinapoleonische Tendenz erkennen; sie bringen aber auch Anekdoten und kleinere Erzählungen aus Kleists Feder und dazu, damals eine Novität, Auszüge aus Polizeiberichten. Die Zeitung soll auch, nach

Zeitung als politisches Diskussionsforum

Kleists Verständnis, ein Diskussionsforum sein für die damals vom Kabinett Hardenberg wieder aufgenommene Reformpolitik.

Hardenbergs Finanzedikte und die Rebellion des Adels

Am 20.10.1810 wird ein Finanzedikt erlassen, das neben der Gewerbefreiheit eine gleichmäßige Besteuerung aller Bürger anordnet. Eine wütende Opposition gegen diese Reformen aus den Kreisen des Adels, der sich um seine Privilegien gebracht sieht, ist die Folge. Auch die *Berliner Abendblätter* werden bald ein Opfer dieser Auseinandersetzungen. Kleist selbst gehörte zwar zu den Befürwortern der Hardenberg'schen Reformen, aber er lässt in seiner Zeitung auch die Gegenseite zu Wort kommen; so nimmt er am 16.11.1810 einen längeren Aufsatz von Adam Müller, „Vom Nationalkredit", in seine Zeitung auf, in dem die Hardenberg'schen Reformen auf maliziöse Weise verspottet werden. Schon zwei Tage später ergeht eine scharfe königliche Kabinettsordre, die die *Abendblätter* faktisch unter Zensur stellt. Zwar fördert die Regierung Hardenberg in ihren Finanzedikten nicht zuletzt bürgerlichen Handel und Gewerbe; zur Gewährung bürgerlicher Freiheiten, zu denen auch das Recht hätte gehören müssen, die Regierung vom konservativen Standpunkt aus zu kritisieren, sieht sie sich jedoch nicht imstande. In den folgenden Wochen kommt es dann zwischen Kleist und dem Ministerium zu zahlreichen, oft unklaren und zweideutigen Verhandlungen. Offenbar gibt es Kreise im Ministerium, die statt der Anwendung der Zensur die Umwandlung der *Abendblätter* in ein offiziöses Sprachrohr der Regierung betreiben. Kleist verlangt dagegen das Recht, amtliche Mitteilungen der Regierung drucken zu können. Eine diesbezügliche Zusage des Ministeriums wird dann jedoch wieder zurückgezogen. Ab Anfang 1811 wird den *Abendblättern* im Gegenteil sogar auferlegt, nur das zu drucken, was anderweitig schon erschienen ist. Als daraufhin die Leserzahlen rapide zurückgehen und Kleist deshalb Hardenberg um eine angeblich zugesagte Unterstützung bittet, erhält er am 26. 2. 1811 kühl zur Antwort:

Abendblätter als Opfer innenpolitischer Konflikte

Versprechungen und Intrigen

„Das Abendblatt hat nicht nur meine Aufmerksamkeit auf sich gezogen, sondern die Sr. Majestät des Königs Höchstselbst, weil Sie in eben dem Augenblicke, wo die neuen Finanzgesetze erschienen, Artikel darin aufnahmen, die geradezu dahin abzielten, jene Gesetze anzugreifen. Es wäre genug gewesen, die Zensur zu schärfen oder Ihr Blatt ganz zu verbieten, da es bei aller Freiheit, die man in parteiischen Diskussionen über Gegenstände der Staatsverwaltung bewilligt, doch durchaus nicht gestattet werden kann, daß in Tageblättern Unzufriedenheit mit den Maßnahmen der Regierung aufgeregt werde. Aus wahrer Wohlmeinung gegen Sie sprach ich aber mit Ihnen, und versprach Ihnen Unterstützung, wenn Sie ein zweckmäßiges Blatt schrieben. Die Auslegung, welche Sie diesem Anerbieten gaben, als ob man Sie hätte erkaufen wollen, ist ebenso unrichtig, als die Behauptung, daß Sie die angebotene Unterstützung abgelehnt hätten. Sie haben aber keinen Anspruch darauf, weil die Abendblätter auf keine Weise den Zweck erfüllen und durch ihren Unwert von selbst fallen müssen, denn Auszüge aus längst gelesenen politischen Zeitungen und ein paar Anekdoten können, wie Sie selbst einsehen werden, nicht das mindeste Recht auf Unterstützung reklamieren oder die Benennung eines halboffiziellen Blattes verdienen." (Hardenberg an Kleist, zit. nach: Sembdner, Hrsg., 1977, S. 379 f.)

Das Ende der *Abendblätter*

So ist Kleists Zeitung Ende März 1811 wirtschaftlich am Ende und muss ihr Erscheinen einstellen. Kleist, verschuldet und ohne Einkommen, sucht in den folgenden Wochen verzweifelt eine Anstellung. Während des Sommers betreibt er sogar seine erneute Aufnahme in das preußische Offizierskorps, und dies zu einem Zeitpunkt, wo Preußen sich anschickt, eine Militärallianz mit Napoleon abzuschließen, gegen den Kleist seit drei Jahren publizistisch zu Felde gezogen ist. Aber auch dieses Anerbieten Kleists wird vom König nur mit vagen, hinhaltenden Versprechungen beantwortet. Kleist ist – wohl endgültig durch seinen Konflikt mit der Regierung wegen der *Abendblätter* – zu einem Außenseiter, fast möchte man sagen zu einem Aussätzigen in der preußischen Gesellschaft geworden. Seine finanziellen Sorgen werden so groß, dass er den Ministerpräsidenten Hardenberg Ende September 1811, wiederum erfolglos, um ein persönliches Darlehen anbettelt.

Kleists persönliche Tragödie

In der Wirklichkeit der preußischen Gesellschaft des Jahres 1811 gab es nicht die im *Prinzen von Homburg* herbeigesehnte Versöhnung zwischen dem freien, seinen Wünschen nach Selbstverwirklichung lebenden Individuum und dem Staat; dieser Staat war auch nicht jene von Kleist erträumte familiäre Gemeinschaft von durch ihren patriotischen Geist einander verbundenen Menschen. So spricht vieles dafür, dass jene unbekannte Freundin Kleists im Recht war, als sie sich 1847 erinnerte:

> „immerhin kann man behaupten: Kleist sei eigentlich an den Berlinern von 1811 gestorben." (Zit. nach: Sembdner, Hrsg., 1977, S. 409)

Zur wechselvollen Rezeptionsgeschichte des Dramas

Einen spürbaren Einfluss auf die politischen Ereignisse in den Jahren 1811–1815 konnte das Stück schon allein deshalb nicht ausüben, weil seine Rezeption verspätet einsetzte. Das Stück fand keine positive Aufnahme am preußischen Hof, nicht zuletzt wegen der als skandalös empfundenen Todesfurcht-Szene. Als Ludwig Tieck 1821, zehn Jahre nach dem Tod des Dichters, das Werk zum ersten Mal veröffentlichte, sah er sich bemüßigt, diese Szene gegen den Vorwurf des Defätismus in Schutz zu nehmen, indem er gerade das ‚Vaterländische' des Stücks und seine ästhetischen Qualitäten besonders herausstellte.

Verspäteter Beginn der Rezeptionsgeschichte

Seit 1821 auch wurde das Stück in mehreren Städten auf der Bühne aufgeführt. Breitenwirkung erzielte es jedoch noch nicht – meist wurde es nach wenigen Aufführungen wieder vom Spielplan abgesetzt. Obschon in diesen frühen Aufführungen die Szenen I,1 und III,5 gekürzt und geglättet wurden, fand das Stück gerade wegen der Todesfurcht-Szene bei den frühen Rezensenten eine negative Aufnahme. So schreibt die Rezensentin der Stuttgarter Aufführung:

Uraufführung / verkürzende Bearbeitung

> „Möglich ist, daß der Mensch in seiner Schwäche unwürdige und strafbare Entschlüsse und Wünsche faßt, aber der Mensch in seiner tiefsten Erniedrigung hört auf ein Gegenstand für die dramatische Kunst zu sein, was zu erbärmlich ist, erweckt auf dem Theater nicht Rührung, aber Unwillen." (Sembdner, Hrsg., 1984, Dok. Nr. 548)

Frühe Rezension (1822)

In Berlin war das Drama erstmals am 26. 7. 1828 auf die Bühne gekommen. Wenige Wochen zuvor hatte G. W. F.

Das Stück in Berlin

Hegels Kritik

Hegel, der bedeutendste Philosoph der Zeit, in den *Jahrbüchern für wissenschaftliche Kritik* das Stück wegen seines „Mystizismus" kritisiert.

Trotz der auch in der Berliner Aufführung vorgenommenen obligatorischen Kürzungen verbietet der König höchstpersönlich nach der dritten Aufführung eine weitere Darbietung des Stücks. Erst nach dem Tod Friedrich Wilhelms III. kann Kleists Drama erneut dem Berliner Publikum vorgestellt werden, am 15. 10. 1841 als Geburtstagsaufführung für den neuen König Friedrich Wilhelm IV.

Mittlerweile hatte sich das Stück, etwa seit 1830, im Repertoire des deutschsprachigen Theaters dauerhaft zu behaupten begonnen. Als Erster hatte Karl Immermann 1833/34 in Düsseldorf versucht, das Stück von seinen klassizistischen Bearbeitungen, d. h. seinen Verkürzungen zu befreien; aber erst die Neuinszenierung der Meininger Bühne vom 28. 3. 1878 wagt es, das Stück in historischer Werktreue auf die Bühne zu bringen. Wie sehr aber auch noch Mitte des 19. Jahrhunderts Somnambulismus und Todesfurcht des Prinzen die Leser irritieren mochten, zeigt die Tatsache, dass der seinerzeit sehr bekannte Literaturkritiker und -theoretiker Julian Schmidt immerhin in einem Vorwort zu einer Ausgabe von Kleists *Gesammelten Schriften* (Berlin 1859) schreiben konnte:

Julian Schmidt 1859: Kritik der Todesfurcht-Szene

> „Man hat ihm [Tieck] häufig, auch noch in neuester Zeit, nachgesprochen; wir erlauben uns aber die bestimmte Behauptung, daß jener Akt sich selbst wegwerfender Feigheit in Gegenwart der Geliebten (wohl zu unterscheiden von dem Gefühl) bei einem Helden unmöglich ist; doppelt und dreifach unmöglich bei einem märkischen Edelmann, einem Offizier jenes Heeres, das Kleist in so prachtvollen Farben schildert! Wenn es möglich ist bei einem Nervenkranken und Somnambulen, so gehören Nervenkranke und Somnambule nicht auf die Bühne, die nur mit gesunden, zurechnungsfähigen Figuren zu tun hat." (Zit. nach: Sembdner, Hrsg, 1984, Dok. Nr. 567)

Das Stück hat zu dieser Zeit aber auch viele ‚Rettungen' erfahren; so wollte der Dramatiker Friedrich Hebbel (1813–1863) beispielsweise das Stück durchaus als Tragödie verstanden wissen; das Drama gehöre zu den

Friedrich Hebbel versteht das Stück als Tragödie (1850)

> „eigentümlichsten Schöpfungen des deutschen Geistes, und zwar deshalb, weil in ihm durch die bloßen Schauer des Todes, durch seinen hereindunkelnden Schatten, erreicht worden ist, was in allen übrigen Tragödien [...] nur durch den Tod selbst erreicht wird: die sittliche Läuterung und Verklärung des Helden." (Hebbel, *Werke*, Teil 8, S. 161)

Erst im Kaiserreich, nach 1871, wird das Drama im breiteren Sinne als ‚nationales Drama' rezipiert, 1890 wird es wegen seines ‚nationalen Gehaltes' sogar zur Pflichtlektüre für die Oberstufe des Gymnasiums. Das Drama wird jetzt auch mehr und mehr in Beziehung gesetzt zur späteren deutschen Geschichte, zur Einigung Deutschlands durch Bismarck 1871, eines Deutschlands, in dem der Hohenzollern-Dynastie die unbestrittene Führung zukam. Beispielhaft für diese Rezeption ist ein Ausschnitt aus Artur Gieglers *Erläuterungen für die Schule* (1913):

Nach 1871: ‚nationales Drama'

> „Der Dichter sieht alle Kräfte vereint, Männer und Frauen, in der großen Sache um das Vaterland. Prophetisch blickt er in die Zukunft. Er träumt von einem großen deutschen Reiche, mächtig und gewaltig. [...] Kleist verherrlicht in seinem Drama die Unterordnung des einzelnen unter das die große Allgemeinheit fördernde Gesetz. [...] Wir wissen aus der Geschichte, daß die prophetischen Worte Nataliens in Erfüllung gegangen sind. Brandenburg hat sich zu einem stolzen Königreiche emporgeschwungen, hat die Deutschen 1870 geführt in Sieg und Ruhm und Einheit. Preußens König wurde Deutschlands Kaiser. Deutschlands Erbfeind ist besiegt. [...] Solange wir unter der weisen Führung der Hohenzollern stehen, denen heute wie einst das Wohl Deutschlands am Herzen liegt, die das Heer, die Stütze des Staates, auf der Höhe von Sedan erhalten, in seiner Kraft und Zähigkeit, solange hoffen wir, daß es heißt: ‚Es unterliege der Fremdling, der uns unterjochen will, und frei auf mütterlichem Grund behaupte der Brandenburger (Deutsche) sich.'" (Zit. nach: Busch, 1974, Anh. S. 10 f.)

„Kommissknopfstück"

Es gab allerdings vor 1914 auch ablehnende Stimmen dem Stück gegenüber, so, wenn der linksliberale Kritiker Max Burckhard 1901 das Stück in der Wiener Zeitung *Die Zeit* ein „widerliches, nach Cäsarismus stinkendes Kommissknopfstück [sic!]" nennt, was natürlich wütende Proteste in ‚reichsdeutschen' Zeitungen und Zeitschriften auslöst.

1914: Propagandastück

Bei Ausbruch des Ersten Weltkriegs steigt die Zahl der *Homburg*-Aufführungen im Deutschen Reich sprunghaft an; solche Aufführungen, oft mit dem gemeinsamen Absingen des Deutschlandliedes eingeleitet, dienen ganz offen als Stimulans patriotisch-chauvinistischer Gefühle.

Kontroverse in der Weimarer Republik

In der Weimarer Republik (1919–1933) stehen sich ‚nationalistische' und ‚kosmopolitische' Kleist-Rezeption, die in Kleist einen frühen Demokraten und Weltbürger sehen wollte, schroff gegenüber. Im Rahmen einer von der Kleist-Gesellschaft aus Anlass des 150. Geburtstages des Dichters im Oktober 1927 veranstalteten Feierstunde kommt es zu einem offenen Eklat, als sich der Dichter Wilhelm von Scholz, der in seinem Festvortrag den ‚Weltbürger' Kleist gegen den ‚Patrioten' Kleist verteidigt, wütenden Protesten der deutschnationalen Kleist-Verehrer ausgesetzt sieht.

Alfred Kerr: psychologische Perspektive

Alfred Kerr erscheint die pathologische Seite der Homburg-Figur als das eigentlich Interessante des Stücks, der gegenüber die nationalen Untertöne weniger ins Gewicht fielen:

> „Homburg, der Hysteriker, wird vor Glück ohnmächtig! Homburg, der Hysteriker, fleht bei Tanten kniend um Hilfe [...] Homburg, der Hysteriker, läßt sich von [...] Natalie sein Heldentum erst halb und halb einflößen. Er sagt zuvor offen, weil es um alles geht, daß er auf Natalie pfeift. Sie soll machen, daß sie wegkommt. Und er ist, überdies, Schlafwandler. Solche Zwischentöne klingen tiefer, dringender, länger als der Dur-Akkord am Schluß. Ein Muß-Dur." (Alfred Kerr, „Homburg, der Hysteriker", in: *Berliner Tageblatt*, 14. Februar 1923; wieder abgedr. in: A. K., *Die Welt im Drama*, hrsg. von G. F. Hering, Bd. 2, 2. Aufl. Berlin 1964, S. 398)

Freiherr Ewald von Kleist jedoch lässt sich anlässlich der Einweihung eines Gedenksteins für den Dichter am 13.7.1931 ganz im Sinne einer undifferenzierten patriotischen Kleist-Rezeption vernehmen:

Ewald von Kleist: nationale Perspektive

> „Möge der Geist des Prinzen von Homburg uns beseelen, dem in schwerer Stunde klar wurde, daß die Gemeinschaft über die Persönlichkeit zu stellen ist, und dieser Gemeinschaft alles, selbst das Leben, zu opfern ist [...]
> Heinrich von Kleist, erwache!
> Rette Dein Preußen!
> Rette unser Deutsches Vaterland!"
> (Zit. nach: Busch, 1974, Anh. S. 39)

1933, mit der Machtergreifung der Nationalsozialisten, wird Kleist vollends zum nationalvölkischen Dichter der Deutschen, wird gar zum geistigen Wegbereiter der NS-Bewegung erklärt. In den Jahren 1933–1937 verdoppelt sich die Zahl der *Homburg*-Aufführungen im Verhältnis zum Zeitraum 1929–1933. Bezeichnend ist für diese Erhebung Kleists zum ‚nationalen Volksdichter', zum ‚Eckpfeiler einer stählernen Romantik', dass Hitler persönlich nach dem Anschluss Österreichs im März 1938 einer Festaufführung des *Prinzen von Homburg* beiwohnt. Schon ein kurzer Ausschnitt aus einem bereits 1934 geschriebenen Artikel von Hans Franck zeigt, auf wie platte und bornierte Weise Kleists Drama vom Nationalismus der NS-Zeit vereinnahmt wird – Textstellen, die sich solcher Deutung widersetzen (Todesfurcht-Szene), werden einfach übergangen:

1933–1945: Vorläufer der NS-Ideologie

> „Nicht ein Drama vom Heldentum also, das dieses oder jenes Vorzeichen trägt, ist der ‚Prinz von Homburg', nicht einmal ein Erziehungsdrama, wie man lange gewollt hat – denn die Erziehung ist nur Mittel zum Zweck, nicht Gegenstand der Dichtung – sondern ein Drama von der Ganzheit unseres besonderen völkischen Menschentums, von der Verwirklichung des umfassenden Deutschtums." (Zit. nach: Busch, 1974, Anh. S. 80)

Ganz anders der Marxist Bertolt Brecht, der von den Nazis aus Deutschland vertrieben wurde und der im Juni 1939 ein Gedicht veröffentlicht, in dem Kleists Drama

Bertolt Brecht 1939: Kritik eines Marxisten

als Ausdruck des preußisch-deutschen Untertanengeistes denunziert wird:

„O Garten, künstlich in dem märkischen Sand!
O Geistersehen in preußischblauer Nacht!
O Held, von Todesfurcht ins Knien gebracht!
Ausbund von Kriegerstolz und Knechtsverstand!

Rückgrat, zerbrochen mit dem Lorbeerstock!
Du hast gesiegt, doch war's dir nicht befohlen.
Ach, da umhalst nicht Nike dich. Dich holen
Des Fürsten Büttel feixend in den Block.

So sehen wir ihn denn, der da gemeutert
Durch Todesfurcht gereinigt und geläutert
Mit Todesschweiß kalt unterm Siegeslaub.

Sein Degen ist noch neben ihm: in Stücken,
Tot ist er nicht, doch liegt er auf dem Rücken;
Mit allen Feinden Brandenburgs in Staub."

(Bertolt Brecht, *Gesammelte Gedichte*, Bd. 2, hrsg. vom Suhrkamp Verlag in Zusammenarbeit mit Elisabeth Hauptmann, Frankfurt a. M. 1967, S. 612 f.; Erstdruck in: *Die Neue Weltbühne*, Paris, 15. Juni 1939)

Wiederentdeckung nach 1945 in Frankreich

Existenzialistische Deutung

Nach dem Zusammenbruch von 1945 verschwand Kleists Drama für einige Jahre von der Bühne – war doch mit der einseitig völkisch-nationalen Rezeption im Dritten Reich das Stück selbst obsolet geworden. *Prinz Friedrich von Homburg* wurde bezeichnenderweise nicht in Deutschland, sondern in Frankreich wiederentdeckt. Hier, in Avignon und dann in Paris, spielte Gérard Philipe am 15.7.1951 zum ersten Mal den Prinzen in einer ganz existenzialistischen Deutung von Jean Vilar, einer Deutung also, die die Grenzerfahrung des Todes, nicht jedoch die staatspolitische und vaterländische Dimension zum Mittelpunkt des Stücks werden ließ. Die Aufführung fand weithin begeisterte Zustimmung – der Philosoph Gabriel Marcel nannte das Stück „eines der Meisterwerke der Weltbühne". Es wurden aber auch kritische Stimmen laut, so in einem namentlich nicht gekennzeichneten Artikel in *Le Monde*:

> „Dieses Stück ist auf eine hemmungslose Art germanisch, mit seinem Durcheinander von pathologischen Träumereien, Wirklichkeit, Feigheit und ‚Gemütlichkeit' und einem beunruhigenden Willen zur Macht. Ein farbloser und preußischer Hamlet in der Atmosphäre des alten Deutschen Reiches, unter der Ägide eines Führers, eines Generalstabs und einer kleinen romantischen Kusine, die irgendwie von der Operette herkommt. Ende gut, alles gut. Hamlet wird dem Leben wiedergegeben, seine Ophelia verliert nicht den Kopf, sondern sie heiraten und werden viele Kinder haben – alles für die Größe Deutschlands." (Zit. nach: Sembdner, 1984, Dok. Nr. 599)

Die Rezeption des Dramas in Deutschland nach 1945 gestaltete sich, sowohl in der Literaturwissenschaft wie auf dem Theater, äußerst vielgestaltig und widersprüchlich. In der Germanistik lassen sich, grob skizziert, drei Interpretationsweisen des Stücks unterscheiden: eine erste, psychologisch orientierte Interpretation knüpft an die existenzialistische Deutung des Dramas an, die Gerhard Fricke mit seinem bereits 1929 erschienenen Buch *Gefühl und Schicksal bei Heinrich von Kleist* begründet hat; es geht dieser ersten Deutung vordringlich um die eigenartige Psychologie des Protagonisten und um seine existenziellen Erfahrungen in der Nähe des Todes. Eine zweite, politisch-soziologische Deutung des Stücks, die besonders in der DDR-Germanistik vorherrscht, legt den Schwerpunkt ihrer Auslegung auf das in Kleists Drama entworfene Gesellschaftsmodell. Eine dritte, strukturalistische Interpretationsrichtung geht davon aus, dass das Stück wegen zahlreicher Widersprüche in der Dramenhandlung gar kein eindeutig umrissenes Thema hat und deshalb jede auf thematische Eindeutigkeit abzielende Deutung verfehlt ist: Das Stück ist weder nur ein Drama über den Menschen in der Grenzsituation des Todes (existenzialistische Deutung) noch ausschließlich die dramatische Utopie einer idealen Gesellschaft (politisch-soziologische Deutung). Sinn und Bedeutung gewinnt das Drama nach der strukturalistischen Auffassung gar nicht durch inhaltlich-thematische Aspekte,

Psychologische und existenzialistische Deutung

Politisch-soziologische Deutung

Strukturalistische Deutung

sondern durch seine poetische Struktur: Der Beziehungsreichtum von poetischen Gestaltungsmitteln (Dialogführung, Versbau, Sprachbilder etc.), der durch Wiederholung und zugleich Veränderung von Dialogteilen, Satzmustern und sprachlichen Leitbegriffen entsteht, macht Kleists Stück zu einem einzigartigen sprachlichen Kunstwerk.

Abschließend sollen aus den vielfältigen Zeugnissen aus der Rezeptionsgeschichte des Dramas zwei Zeugnisse von Schriftstellern wiedergegeben werden, die, in ihrer subjektiven Aneignung von Kleists Werk, zugleich Belege für die Vielschichtigkeit des Werkes sind.

Ingeborg Bachmann 1960: der Prinz als der erste moderne Protagonist

Die Dichterin Ingeborg Bachmann (1926–1973) schreibt 1960 über das Stück, dem sie, wegen seines Missbrauchs durch die Nationalsozialisten reserviert gegenübergetreten sei:

> „Es gibt in diesem Schauspiel, dessen Szenen alle zur Nachtzeit spielen (oder in der Dämmerung oder im Morgengrauen) durch den ständigen Lichteinfall der Sprache und einer Freiheit, die nicht eigens ihre Verkündigung braucht, sondern sich durch die Sprache fühlbar macht, eine große Klarheit und Helligkeit. Es gibt in diesem Schauspiel, und dies ist, glaube ich, noch nie recht bemerkt worden, keinen einzigen Bösewicht, keine Gestalt, die einer Niedrigkeit fähig wäre, einer Intrige, einer Schurkerei. Und es gibt nicht ein ‚Schicksal', nichts Verfängliches, Unaufhaltsames. So mußte der Prinz uns erscheinen als der erste moderne Protagonist, schicksallos, selber entscheidend, mit sich allein in einer ‚zerbrechlichen Welt' und uns darum nah, kein Held mehr, komplexes Ich und leidende Kreatur in einem, ein ‚unaussprechlicher Mensch', wie Kleist selbst sich genannt hat, ein Träumer, Schlafwandler, der Herr seiner selbst wird." (Ingeborg Bachmann, „Der Mut zu Kleist", in: *Melos*, Mai 1960, S. 136 ff., hier S. 137)

Ingeborg Bachmann betont die Modernität des Helden, dessen Handeln nicht mehr, wie dasjenige des Protagonisten im ‚klassischen Drama', von schicksalhaften Mächten bestimmt werde, sondern gänzlich seiner eigenen Verantwortung überlassen bleibe. Zugleich stellt sie eine Verbindung her zwischen dem persönlichen Schicksal des Dichters und seinem letzten Helden, dem Prinzen von Homburg. Noch deutlicher wird eine solche Verbindung von Botho Strauß in seinem Beitrag im Programmheft der Inszenierung an der Berliner Schaubühne 1972 herausgearbeitet; Strauß versteht das Stück als die Utopie einer Versöhnung zwischen Individuum und Gesellschaft, die der Dichter sich zwar im Bereich des Poetischen erträumen konnte, die ihm selbst jedoch in der Wirklichkeit Preußens versagt blieb:

Botho Strauß 1972: der Traum des armen Heinrich Kleist

> „[…] alles Traum in diesem Schauspiel. Der Traum des armen Heinrich Kleist vom glücklichen Prinzen Homburg, der, zart und mächtig, unter der Gefahr des Todes, seine großen Sehnsüchte und Wunschbilder gegen die herrschenden engen Lebensbedingungen durchsetzt und schließlich, wie im Wunder, ihre paradiesische Erfüllung erlebt. Und gleichzeitig verwandelt sich die kalte, schwache, weil nur mehr formal funktionierende Staatsordnung in eine lebenskräftige, menschenwürdige politische Gemeinschaft, in der der Außenseiter, Verurteilte, gesellschaftlich ‚Kranke' zum ersten Helden aufsteigt […]. Die(se) Figuren leben aus den widersprüchlichen politischen und psychologischen Empfindungsweisen des Autors – sie sind nicht aus den tatsächlichen Widerspruchsverhältnissen, die das politische und soziale Preußen vor den Befreiungskriegen bewegte, beobachtet und entwickelt worden. Dementsprechend wird man dem Schauspiel und seinen Figuren wohl nur gerecht, wenn man sie in Beziehung zur realen Biographie Kleists verstehen lernt, wenn man die inneren und äußeren Tatbestände dieses Lebens – ‚das allerqualvollste, das je ein Mensch geführt hat' – als realistische Opposition gegenüber der Traum- und Desideratform des ‚Homburg' berücksichtigt." (Botho Strauß, „Kleists Traum vom Prinzen von Homburg", in: Programmheft zu Heinrich von Kleists *Prinz Friedrich von Homburg*, Schaubühne am Halleschen Ufer, Berlin 1972)

Literaturhinweise

Werke

Kleist, Heinrich von, *Sämtliche Werke und Briefe*, hrsg. von Helmut Sembdner, 2 Bde., München: Deutscher Taschenbuch Verlag, 1987. [Zit. als: SW.]

Hebbel, Friedrich, *Werke in 10 Teilen*, hrsg. von Theodor Poppe, Berlin/Leipzig/Wien/Stuttgart o.J.

Hegel, Georg Wilhelm Friedrich, *Vorlesungen über die Ästhetik*, in: G.W.F.H., *Werke in zwanzig Bänden*, Bde. 13–15, Frankfurt a. M. 1970. [Zit. als: GW.]

Materialien

Busch, Rolf, *Imperialistische und faschistische Kleist-Rezeption 1890–1945. Eine ideologiekritische Untersuchung*, Frankfurt a.M. 1974. [Anhang mit Dokumenten.]

Hamacher, Bernd, *Heinrich von Kleist: „Prinz Friedrich von Homburg". Erläuterungen und Dokumente*, Stuttgart 1999.

Kanzog, Klaus, *Heinrich von Kleists „Prinz Friedrich von Homburg". Text, Kontexte, Kommentar*, München/Wien 1977.

Sembdner, Helmut (Hrsg.), *Heinrich von Kleists Lebensspuren. Dokumente und Berichte der Zeitgenossen*, Frankfurt a.M. 1977.

– (Hrsg.), *Heinrich von Kleists Nachruhm. Eine Wirkungsgeschichte in Dokumenten*, Frankfurt a.M. 1984.

Sekundärliteratur

Arntzen, Helmut, „Heinrich von Kleists *Prinz Friedrich von Homburg*. Drama der Bewußtseinsstufen", in: *Kleists Dramen. Neue Interpretationen*, hrsg. von Walter Hinderer, Stuttgart 1981, S. 213–237.

Bachmann, Ingeborg, „Der Mut zu Kleist", in: *Melos*, Mai 1960, S. 136 ff.

Häker, Horst, Heinrich von Kleist, *Prinz Friedrich von Homburg* und *Die Verlobung von St. Domingo*, Frankfurt a.M./Bern/New York 1987.

Kerr, Alfred, „Homburg, der Hysteriker“, in: *Berliner Tageblatt*, 14. Februar 1923. Wieder abgedr. in: A. K., *Die Welt im Drama*, hrsg. von G. F. Hering, Bd. 2, 2. Aufl. Berlin 1964, S. 396 ff.

Maass, Joachim, *Kleist, die Fackel Preußens*, Wien/München/Basel 1957.

Marcel, Gabriel, „Der Prinz von Homburg in Paris“, in: *Das Neue Forum* (1951), H. 13, S. 202–205.

Müller-Michaels, Harro, „Insubordination als Autonomie: Heinrich von Kleists *Prinz Friedrich von Homburg*“, in: *Deutsche Dramen. Interpretation zu Werken der Aufklärung bis zur Gegenwart,* hrsg. von H. M.-M., Bodenheim: Athenäum, 1982, S. 129–145.

Rosendorfer, Herbert, *„Der Prinz von Homburg“ oder Der Landgraf mit dem silbernen Bein. Biographie*, München 1978.

Strauß, Botho, „Kleists Traum vom Prinzen von Homburg“, in: Programmheft zu Heinrich von Kleists *Prinz Friedrich von Homburg*, Schaubühne am Halleschen Ufer, Berlin 1972.

Wichmann, Thomas, *Heinrich von Kleist*. Stuttgart 1988.

Zimmermann, Hans Dieter, *Kleist, die Liebe und der Tod*, Frankfurt a. M. 1989.

Prüfungsaufgaben und Lösungen

I Der Prinz und seine Insubordination
II Die Todesfurcht des Prinzen
III Die drei Monologe des Prinzen
IV Das Drama als politische Utopie?
V Zwei Dramenanfänge im Vergleich
VI Empfindung und Handlung
VII Kleist als vaterländischer Dichter
VIII Hebbels Tragödien-These

I Der Prinz und seine Insubordination

Text

Heinrich von Kleist, *Prinz Friedrich von Homburg* II,9–10, 715–790; IV,4,1297–1394

Aufgabenstellung

1. Analysieren Sie beide Szenen im Kontext des Dramas.
2. Erörtern Sie aufgrund Ihrer Kenntnis des Dramas, ob und inwieweit sich die unterschiedliche Einstellung des Prinzen zu seinem Vergehen aus dem Charakterprofil des Prinzen und/oder seinen zwischenzeitlichen Erfahrungen verständlich machen lässt.

Lösung

Zu 1

Vor der Berliner Schlosskirche haben sich der Kurfürst, viele seiner Offiziere, umringt von der Kulisse des Volkes, eingefunden, um die erbeuteten schwedischen Kriegsfahnen zu einem Dankgottesdienst in die Kirche zu tragen. In II,9 erklärt ein offensichtlich verärgerter Kurfürst, dass, wer immer seine Reiterei eigenmächtig, ohne seinen Befehl abzuwarten, in den Kampf geführt habe, „des Todes schuldig" sei (V. 720) Als ihm die Offiziere – fälschlicherweise – bestätigen, der Prinz habe wegen einer Verwundung die Reiterei nicht geführt, bekräftigt er noch einmal seine Entscheidung. Als der Prinz in Begleitung des Obristen Kottwitz und weiterer Offiziere mit erbeuteten Fahnen in II,10 hinzutritt, stutzt der Kurfürst und erkundigt sich nach der Verwundung des Prinzen. In heiterer Stimmung weist der Prinz diese Befürchtung zurück und antwortet arglos und voller Stolz auf die Frage des Kurfürsten, ob er die Reiterei geführt habe, die Feldfahnen vorweisend: „Hier legt ich den Beweis zu Füßen dir" (V. 749), woraufhin der Kurfürst lakonisch die Gefangennahme des Prinzen befiehlt. Dann wendet er sich ungerührt der Musterung der erbeuteten Fahnen zu und weicht dadurch einem Gespräch mit seinen Offizieren, Kottwitz an der Spitze, aus. Der Prinz, der wie erstarrt dagestanden hat, findet erst die Sprache wieder, als ihn ein Offizier entwaffnen will: In vier kurzen Fragesätzen kommt seine vollkommene Fassungslosigkeit über das Geschehen zum Ausdruck (V. 765). Während seine Frage „Darf man die Ursach wissen" (V. 768) trotz ihres sarkastischen Tons noch einen sachlichen Kern hat (er hat das Verdikt des Kurfürsten ja nicht selbst gehört) scheint er den Grund seiner Verhaftung, der ihm beiläufig mitgeteilt wird, als überhaupt nicht nachvollziehbar zu empfinden, da er sich ganz als ruhmreicher Schlachtensieger sieht (V. 774), und die Vorstellung, sein Verhalten müsse sich mit der Elle der Kriegssatzung messen lassen, entlockt ihm nur ein verbittertes „So, so". Dann aber wendet er sich in harschen Worten an den schweigenden Kurfürsten und wirft ihm vor, wie der römische Konsul Brutus zu handeln, der seine eigenen Kinder wegen einer Rechtsverletzung hinrichten ließ. Er selbst jedoch, als ein „deutsches Herz, von altem Schrot und Korn" (V. 784 f.), sei gewohnt an „Edelmut und Liebe". Er stilisiert sich selbst zum Vertreter einer auf humanen Gefühlen beruhenden quasi-familiären Gesellschaftsordnung, von deren moralischer Überlegenheit her die Haltung des Kurfürsten nicht Bewunderung, sondern Mitleid verdiene. Ohne auf diese Provokation einzugehen, lässt der Kurfürst den Prinzen ins Gefängnis bringen. Kurfürst und Prinz stehen in dieser Szene in der denkbar größten Distanz zueinander. Der Kurfürst handelt hier ganz als absoluter Souverän. Da er kurz zuvor öffentlich ein Kriegsgerichtsverfahren gegen den Führer der Reiterei wegen Insubordination angekündigt hat, kann er schon aus Gründen der Staatsräson nicht anders, als den Prinzen verhaften zu lassen, als dieser sich als der Führer der Reiterei zu erkennen gibt. Dass er sich dann demonstrativ abwendet und schweigt, mag auch als Versuch angesehen werden, die Sache nicht eskalieren zu lassen. Der Prinz sieht sich jäh und brutal aus allen Träumen von Ruhm und persönlicher Aufnahme in die kurfürstliche Familie gerissen. Sein hilfloser Zorn macht ihn für jedes begütigende Wort unzugänglich. Aus seiner Schmährede gegen den Kurfürsten spricht weniger ein überlegenes Rechtsverständnis als die persönliche Kränkung einer auf das eigene Glücksverlangen fixierten Persönlichkeit, die dazu neigt, die Bedeutsamkeit des eigenen Handelns maßlos zu überschätzen.

Szene IV,4 zeigt einen verwandelten Prinzen, der in seiner Ehrenhaft Prinzessin Natalie empfängt, die ihm einen Brief aus der Hand des Kurfürsten übergibt, die erhoffte Begnadigung. In III,5 hatte ein völlig von Todesangst ergriffener Prinz die Kurfürstin in würdeloser und sich selbst demütigender Weise um Beistand angefleht, und erst Natalies beherztes Versprechen, seine Sache noch einmal vor ihrem Onkel zu vertreten, hatte ihn zur Rückkehr in sein Gefängnis bewegen können. Und tatsächlich hatte in IV,1 Natalies Schilderung des würdelosen Auftretens Homburgs den sichtlich irritierten Kurfürsten dazu bewogen, dem Prinz durch einen persönlich verfassten Brief Rettung zu annoncieren, allerdings mit der Einschränkung „so sicher. als sie [d.i. die Rettung] in Vetter Homburgs Wünschen liegt." (V. 1206 f.) In dem Brief, den der Prinz vorliest, verspricht der Kurfürst die Begnadigung Homburgs, wenn dieser ihm „mit zwei Worten" bestätige, es sei ihm mit seiner Verurteilung ein Unrecht widerfahren (V. 1307–13). Während der Prinz den Hintersinn des Briefes nicht gleich verstanden zu haben scheint, hat Natalie offenbar sofort verstanden. („Sie erbleicht"). Die weitere Szene ist als ein fintenreiches Spiel um das Verfassen eines angemessenen Antwortbriefes an den Kurfürsten gestaltet. Natalie möchte, aus Sorge um das Leben des Prinzen, dass dieser umgehend einen Brief verfasst, noch bevor er zur Besinnung über die wahre Bedeutung des kurfürstlichen Schreibens gelangt: So fordert sie ihn mehrfach zum Schreiben auf, will ihm den Brief sogar selbst diktieren (V. 1317), reißt Homburg den Brief des Kurfürsten aus der Hand, weigert sich, ihn ihm zurückzugeben, als er danach verlangt, droht Homburg sogar mit Liebesentzug, wenn er sich zu schreiben weigere. Der Prinz aber leistet hinhaltenden Widerstand, weil er aus Natalies Eilfertigkeit spürt, dass sie ihn vor einer wichtigen Einsicht bewahren will. Dann kann er doch den Brief erhaschen. Ihn erneut lesend, erkennt er nun, dass er selbst zu einer Entscheidung in eigener Sache aufgerufen ist. Bewundernd sieht der Prinz nun in dem Schreiben die würdevolle Geste eines ‚großen Herren'. .Ab jetzt haben Natalies Ausflüchte – so ihre Meinung, es sei dies nur eine Formsache (V. 1326 f.) – keine Wirkung mehr auf ihn. Seine emotionale Gestimmtheit erscheint ganz verwandelt und nur um Natalies willen möchte er die Antwort noch einmal überdenken, anderenfalls er nach seiner nunmehrigen Stimmung schreiben würde „du tust mir recht." Dann aber entschließt er sich doch zu einer sofortigen Antwort, unbeirrt von Natalies Einreden. Als sie ihm eindringlich vor Augen führt, dass eine Entscheidung, dem Spruch des Gerichts nicht zu widersprechen, die Vollstreckung des Todesurteils zur Folge haben werde, geht der Prinz, gleichmütig über diese Tatsache hinweg (V. 1363 ff.). Es geht ihm jetzt augenscheinlich um die Wiedergewinnung seiner Würde, die ihn moralisch auf die Ebene des Kurfürsten erheben könnte. Er erkennt jetzt auch seine Schuld, d. h. das objektiv Fehlerhafte seines Verhaltens am Tag der Schlacht, an. Für einen Augenblick erscheint er sogar als der moralisch Überlegene im Verhältnis zum Kurfürsten, wenn er Gnade und persönliche Vergebung zurückweist, die sich normativer Gründe versichern will (V. 1383–85), denn Gnade ist ihrem Wesen nach ein Akt jenseits aller rechtlicher Normen und Vergebung ein persönlicher Akt, der keiner rationalen Gründe bedarf noch fähig ist. Bemerkenswert auch die Verwandlung Natalies am Ende der Szene. Sie ist mehr und mehr hin und her gerissen zwischen der Angst um sein Leben und der Rührung darüber, mit welcher inneren Sicherheit der Prinz seine Würde (wieder)gewinnt, so dass sie ihn am Ende – zum einzigen Mal im Stück – küsst und eine leidenschaftliche Liebeserklärung folgen lässt.

Die Szene gestaltet gleichsam einen Entwicklungsprozess des Protagonisten: seine Verwandlung in einen verantwortungsfähigen jungen Offizier, der mit Würde seinem Schicksal gegenübertreten kann. Damit steht sie in scharfem Kontrast zu Szene II,10, in der der jähe Absturz des jungen Kriegshelden zum Delinquenten in einem Kriegsgerichtsprozess dargestellt wird.

Zu 2

Die subjektive Bewertung seiner Insubordination durch den Prinzen unterscheidet sich in beiden Szenen deutlich. In II,10 fehlt ihm jegliches Unrechtsbewusstsein, was sich an seiner Fassungslosigkeit über seine Verhaftung zeigt. Angesichts seiner militärischen Leistungen sieht er im Verhalten des

Kurfürsten nur einen inhumanen formalistischen Rechtsakt, dessen Urheber, dem Kurfürsten, er jede emotionale Anerkennung verweigert. Auch in III,1, als sich die momentane Wut des Prinzen auf den Kurfürsten gelegt hat, glaubt er immer noch, sein Vergehen sei ein Fehler, „der Brille kaum bemerkbar" (V. 899). Nun aber, in Szene IV,4, sieht er ein: „Schuld ruht, bedeutende, mir auf der Brust, wie ich es wohl erkenne." (V. 1382 f.) Dieser Satz wirkt allerdings eher beiläufig, und es fragt sich, ob dieses Schuldgefühl so bedeutend sein kann, dass er jetzt glaubt, es nur durch seinen Tod abbüßen zu können, obwohl doch die Vorstellung seiner Erschießung ihn kurz zuvor in Todesangst versetzt hat. Als Resultat eines rationalen Erkenntnisprozesses wären solche Wandlungen in der Auffassung des Sachverhalts seiner Insubordination kaum plausibel. Nun erscheint der Prinz aber in beiden Szenen – wie fast im gesamten Drama – als ein von starken Empfindungen geprägter Charakter, der nur aus seiner Gefühlswelt heraus handelt. In seinen Träumen ist er zudem von einem Wunsch nach persönlich-emotionaler Nähe zum Kurfürsten beseelt (vgl. I,1,67), der für ihn zum ersehnten Vater wird. In II,10 ist nicht nur sein bis dahin beherrschendes Lebensgefühl erschüttert, sondern was ihn zudem in hilflose Wut versetzt, ist, dass der Kurfürst, den er Vater zu nennen hoffte, sich von ihm demonstrativ abwendet. Auch in Szene IV,4 sehen wir einen Prinzen, der bei der Abfassung des vom Kurfürsten geforderten Briefes mehr um die Herausbildung eines angemessenen Selbstgefühls ringt statt um eine wie immer zu begründende Stellungnahme zu seinem Fall. Zum Verständnis dieses Prozesses ist die Tatsache entscheidend, dass und in welcher Weise der Kurfürst einen persönlichen Brief an ihn geschickt hat. Als er anfangs den Sinn des Briefes nicht recht versteht, ist es wiederum sein Gefühl, das ihm sagt, dass hier mehr verlangt werde als eine formale Geste. Als der Prinz den Sinn des Briefes völlig erfasst, ist er betroffen, findet es aber zugleich ‚wunderbar', dass der Kurfürst ihn selbst, von dessen würdelosem Auftritt bei der Kurfürstin der Kurfürst sicherlich, wie er glauben muss, unterrichtet ist, zur Entscheidung aufruft, ein Akt würdevoller Großherzigkeit. Für den Prinzen geht es nunmehr gar nicht um die Erörterung einer Rechtsfrage, zu deren Aufforderung sich der Brief des Kurfürsten auch deuten ließe, sondern es geht für ihn nur um die Würde seiner Antwort, um eine Antwort, mit der er sich, von seinem Selbstgefühl her, als der Würde des Kurfürsten ebenbürtig erweisen kann. Da Würde als Gefühl der Werthaftigkeit des Handelns eine soziale Dimension hat, verbietet es sich für den Prinzen, mit seinem Souverän, der sein oberster Befehlshaber und Gesetzgeber ist, um dessen Richterspruch einen Streit zu beginnen: Wie aber passt die demonstrative Gleichgültigkeit gegen seinen baldigen Tod zu der panikartigen tiefen Angst und Verzweiflung vor dem Tod, die den Prinzen in III,5 dazu gebracht hat, eine unehrenhafte Entlassung aus der Armee, ja sogar den Verzicht auf seine Liebe zu Natalie in Kauf zu nehmen, um sein nacktes Leben zu retten? Psychologisch mag dies nur schwer verständlich zu machen sein. Gleichwohl hat die Szene III,5 für die im Verhältnis zu II,10 in IV,4 gänzlich veränderte Empfindungsfähigkeit und das Selbstverständnis des Prinzen entscheidende Bedeutung. In der nackten Todesangst von III,5 haben sich alle ‚mit heißem Herzen' ersehnten persönlichen Glückserwartungen, die in II,10 so grausam enttäuscht wurden, als nichtig und haltlos erwiesen, damit aber auch die selbstbezügliche Gefühlswelt des Prinzen als solche. Erst diese radikale Katharsis seiner Gefühle schafft Raum für eine Gefühlserfahrung, die soziale Normen und die damit verbundenen Anmutungen an das einzelne Individuum überhaupt zu bewältigen und zu verarbeiten imstande ist.

II Die Todesfurcht des Prinzen

Text
Heinrich von Kleist, *Prinz Friedrich von Homburg* III,5, 965–1078

Aufgabenstellung

1. Analysieren Sie den Text im Kontext des Dramas.
2. Diese Szene wurde bei den ersten Aufführungen des Stücks stark gekürzt oder sogar gestrichen, weil ein solcher ‚Akt sich selbst wegwerfender Feigheit in Gegenwart der Geliebten' bei einem brandenburgischen Offizier als Skandal empfunden wurde. Erörtern Sie eine solche Entscheidung unter dramaturgischen Gesichtspunkten.

Lösung

Zu 1
In III,1 hatte Hohenzollern seinen in Gewahrsam befindlichen Freund Homburg aufgesucht und ihn über das Ergebnis des Kriegsgerichtsprozesses informiert. Trotz des Urteils hatte der Prinz – in heiterer Stimmung und sich auf sein Gefühl verlassend – anfangs seine Begnadigung erwartet. Erst als er zu verstehen glaubt, dass seine Verbindung mit Natalie einer durch eine dynastische Heirat möglich scheinenden Verständigung mit den Schweden im Weg stehen könnte, befällt ihn ein Gefühl der Unruhe in Hinsicht auf den Ausgang seiner Sache und er macht sich zu einem Bittgang bei der Kurfürstin auf. Szene III,5 gestaltet diesen Vorgang, allerdings, was für die Deutung der Szene und den Fortgang des Geschehens bedeutsam ist, bei gleichzeitiger Anwesenheit von Prinzessin Natalie. Wir erleben einen völlig fassungslosen Prinzen, der sich gleich zu Anfang mit dem Ausruf „O meine Mutter" in einer Geste vollständiger Unterwerfung vor der Kurfürstin hinkniet (V. 965) und wie ein verstörtes Kind Schutz bei seiner Mutter sucht. Die Kurfürstin ist sichtlich konsterniert und wirkt völlig hilflos. Der Prinz offenbart sich in den

Versen 973–979 als ein radikal einsamer („ich allein“, V. 978) und gebrochener Mensch. In seiner absoluten Hilflosigkeit erscheinen ihm, so sagt er, alle anderen Menschen mit ‚rettenden‘ (V. 973) Himmelskräften begabt, und sein tiefer Verzweiflungsimpuls lässt ihn jeden anderen Menschen um Rettung anflehen. In den Versen 982–992 erfahren wir den Grund seiner Verstörung; der Anblick seines eigenen Grabes hat ihn aus allen Blütenträumen gerissen und schockartig mit der Realität seines bevorstehenden Todes, ja vielleicht zum ersten Mal in seinem Leben mit dieser Realität konfrontiert. Sein tiefes Erschrecken vor dieser Grenzerfahrung spiegelt sich in der drastischen Beschreibung des bislang Unvorstellbaren und jetzt so Gewissen und wird in seinen Worten zu einem anonymen und radikalen Angriff auf seine körperliche und seelische Integrität. Die weitere Szene stellt sich als in Stufen von immer größerer Intensität sich vollziehende Selbstdemütigung des Prinzen dar, um dem Schrecken des Todes doch noch entrinnen zu können. In V. 995–1004 sagt der Prinz sich von allem Ruhm und gesellschaftlicher Anerkennung los, um sein nacktes Leben zu retten, selbst eine unehrenhafte Entlassung aus der Armee nehme er in Kauf. Dies ist sicherlich ein ungeheurer Affront in einer auf Standesehre beruhenden adligen Gesellschaft. Als die Kurfürstin in ihrer ‚standesgemäßen‘ Ratlosigkeit den Prinzen als ‚jungen Sohn’ anspricht, appelliert der Prinz (V. 1007–1019) ganz indezent an ihre mütterlichen Gefühle, indem er in melodramatischer Weise das Bild seiner sterbenden Mutter, einer Jugendfreundin der Kurfürstin, heraufbeschwört, der diese auf dem Totenbett versprochen habe, ihrem Sohn wie eine Mutter zu sein. Jetzt müsse sie dieses Versprechen einlösen und beim Kurfürsten um Gnade für ihn flehen. Als die Kurfürstin gesteht, sie habe dies schon – erfolglos – versucht, erfolgt der nächste Schritt, der Verzicht auf Natalie. Er empfinde gar keine Zärtlichkeit mehr für sie, so der Prinz, und wenn sie Schwedens König nehme, werde er sie loben. Selbst auf die Liebe als den innersten Kern seines Glücksstrebens will er jetzt verzichten, stattdessen will er ein einsames Leben voll harter körperlicher Arbeit als Landwirt fernab seines bisherigen Lebenskreises führen. Seine Bereitschaft zur totalen Rücknahme seiner bisherigen Existenz ist auch ein persönlicher Affront gegen Natalie. Als der Prinz die weinende Prinzessin sieht, bekundet er Mitleid mit ihr, die durch die eingetretene Situation alle eigenen „Hoffnungen zu Grab“ getragen sehen muss. Da er in ihren Tränen ihr unverbrüchliches Gefühl für ihn zu erkennen glaubt, erteilt er ihr als ‚Trost‘ einen Rat für die Gestaltung ihrer nunmehr einsamen Zukunft: sich als Stiftsfrau am Rhein einen ihm, Homburg, gleichenden Knaben zu kaufen, diesen als ‚Mutter‘ aufzuziehen und ihn später zu lehren, den Toten die Augen zu schließen. Dieser ‚Rat‘ ist aber eher eine exaltierte ‚Vision‘, in der seine Verstörung über seinen Tod mitschwingt, und in der Imagination des Knaben spiegelt sich der ferne Abglanz des Wunsches nach Weiterleben.

Eine entscheidende Wendung nimmt die Szene durch das Eingreifen Natalies, die zum ersten Mal in diesem Drama als eigenständige Person und entschlossen, ganz im Gegensatz zur Kurfürstin, handelt. Durch eine einfache Geste – sie legt ihre Hand in diejenige des Prinzen – drückt sie ihre Verbundenheit mit ihm aus. Dann fordert sie ihn, den sie entgegen allen Anscheins als ‚jungen Helden' anredet, in sein Gefängnis zurückzukehren und sich unterwegs sein Grab „noch einmal ruhig" anzusehen (sich also seinem Schicksal zu stellen), und erinnert ihn daran, dass er dem Tod schon oft in der Schlacht begegnet sei. Sie selbst wolle unterdessen ein ‚rettend Wort' beim Oheim wagen. Dass der Text an dieser Stelle (vor V. 1062) eine ‚Pause' notiert, ist für den Szenenausgang bedeutsam. Hier ist ein Moment der inneren Besinnung angezeigt. Homburg erkennt, so müssen wir vermuten, die Wahrheit von Natalies Worten, die ihm bisher nie zu Bewusstsein gekommen sein mag, und er erlebt in Natalie einen Menschen, der durch seine liebevolle Zuwendung ihm eine Brücke baut aus der absoluten Verlassenheit seiner Angst. Als der Prinz seine Sprache wiederfindet, wirkt er deutlich freier, so wenn er mit leiser Ironie fragt, wo denn bisher „der Köcher" ihrer „Rede" geruht habe. Natalie aber geht noch weiter in ihrer suggestiven Beschwörung des anderen, heldenhaften Ichs ihres Freundes, indem sie für den Fall, dass ihr Oheim den Spruch nicht abändern könne, sie den Prinzen als den Sieger, als der er sich in der Schlacht erwiesen hat, auch in der Konfrontation mit seinem Tod sieht bzw. sehen will. Und Homburg, in einer immer noch labilen, aber deutlich sich wieder einstellenden Fassung, wünscht vom Erfolg ihrer Mission von ihr unterrichtet zu werden, gleich „was du auch erringst" (V. 1077), worin zumindest die Möglichkeit anklingt, auch eine negative Wendung der Dinge ertragen zu müssen. Die Szene zeigt mit einer psychologisch sehr differenziert ausgestalteten Logik die Konfrontation eines bis dahin realitätsvergessenen, nur seinen Träumen vom Glück lebenden, schwärmerischen jungen Mannes mit der brutalen Realität seines baldigen Todes, einer Erfahrung, der er nicht gewachsen ist und die ihn zu einem panisch erschrockenen hilflosen Kind werden lässt. Dass er dabei ganz ohne Würde auf Ruhm und Liebe verzichten will, macht deutlich, dass er bisher eine reife Persönlichkeit, die sich in der Bewältigung von Verantwortungszusammenhängen zu bewähren weiß, noch gar nicht entwickelt hat. Erst die Tatsache, dass Natalie die Kraft findet, in dieser auch für sie entwürdigenden Situation nicht nur zu ihm zu halten, sondern ihn – entgegen des Augenscheins – als jungen Helden und Sieger über seine Angst anspricht, bringt ihn schrittweise dazu, sich von seiner Angst zu befreien und der zu werden, der er in Natalies Worten schon ist.

Zu 2

Die Szene III,5 ist von den Zeitgenossen Kleists, aber erst recht in späteren Zeiten wie der NS-Zeit als Zumutung empfunden worden: Ein brandenburgischer Reiteroffizier, der aus Todesangst coram publico auf Ruhm, Ehre, gar auf eine standesgemäße Heirat verzichtet, um sein Leben zu retten, das war einfach degoutant, Ausdruck einer kranken Persönlichkeit. Folglich hat es nicht an Bemühungen gefehlt, das Stück durch ‚Kürzung', ‚Glättung' oder gar ‚Streichung' dieser berüchtigten Szene zu ‚retten'. Allerdings bleibt bei solchen Bemühungen von Kleists Drama wenig mehr als ein vaterländisches Erbauungs- und Tendenzstück. In Wahrheit ist es aber ein vielschichtiges und beziehungsreiches dramatisches Kunstwerk, das Ansätze zu ganz unterschiedlichen Deutungen bietet. Die Szene III,5 steht aber nicht nur an einer zentralen Stelle – nahezu in der Mitte des Dramas –, sondern ist auch ein zentraler Bezugspunkt unterschiedlicher Deutungsmöglichkeiten des Werks, was im Folgenden an Beispielen belegt werden soll.

Man kann das Drama zweifellos als einen (vaterländischen) Erziehungsprozess lesen (der Kurfürst spricht in V. 1822 von der „Schule dieser Tage"), eine Erziehung, die auch insoweit den anderen Offizieren zuteil wird, als ihnen Homburg am Ende des Stücks als vorbildlicher Offizier vor Augen geführt wird. Dieser Prozess stellt sich beim Prinzen als persönlicher Reifeprozess dar, der sich durch die Insubordinations-Affäre wie in einem zeitraffenden Brennglas vollzieht. Anfangs erscheint der Prinz als junger, unbesonnener Mann, der ganz aus seinen Träumen nach Ruhm und Glück lebt. Seine Verwandlung in einen verantwortungsvollen, sein Leben dem Gedeihen des Gemeinwesens opfernden Führers wäre ohne ein Moment der Katharsis gar nicht verständlich. Die Szene III,5 wäre dann genau jenes Element, wo die elementare Energie der Todesangst gezeigt wird, in deren Überwindung der Prinz sich befreien kann von allen auf rein subjektives Glück ausgerichteten Lebenszielen. Erst in dieses hier entstehende psychologische Vakuum kann Natalies Eingreifen durch einen Akt solidarisierender Liebe den Keim für ein reiferes, verantwortungsfähiges Selbstverhältnis pflanzen.

Aber ist der Prinz in III,5 nicht wirklich jener neurotische oder hysterische Charakter, der nach Meinung mancher Kritiker nicht auf eine Theaterbühne gehört? Sicherlich ist der Prinz kein ‚Held' im Sinne eines idealistisch überhöhten klassischen Dramas. Er erscheint im Verlaufe des ganzen Stücks nicht nur als ein gemischter, von gegenläufigen Wesenszügen geprägter Charakter, sondern öfters als psychisch zumindest gefährdet. Seine Neigung zu Somnambulismus (I,1) und Sich-Verlieren in Tagträumen (I,5), zu heftigen Stimmungsumschwüngen (schon in III,1) und seine (noch in V,7 und V,10) Tendenz zum Durchleben exaltierter Seelenzustände machen ihn wenn nicht zum Kranken in den Augen der Hofgesellschaft (I,1) so doch zu einem Außenseiter in der von rigiden Normen geprägten Hofgesellschaft. Dieses Außenseitertum wird in III,5 besonders deutlich, da seine gefährdete Natur ihn zum Zusammenbruch seiner gesamten Persönlichkeit bringt. Und doch wird dieser seltsame Träumer am Ende zum wahren Helden, zum Kristallisationspunkt des vaterländischen Kampfes – vielleicht ein aus der Projektion seiner eigenen Lebensgeschichte entstandener Traum des Dichters Kleist.

Schließlich lässt sich das Stück in einem weiteren Sinn auch als politische Utopie auffassen, da der Fall Homburg zu einem gemeinschaftsstiftenden Akt wird zwischen dem Kurfürsten als oberstem Souverän und Gesetzgeber und dem Offizierskorps als einem funktional herausragenden Teil seiner Untertanen. Bis zur Szene IV,1 erleben wir einen Kurfürsten, der mit patriarchalischer Strenge alle wichtigen Entscheidungen trifft. Er handelt, wie er in IV,1 Natalie erläutert, dabei nicht aus persönlichem Machtstreben, sondern weil er in seinem Tun das Gesetz des Gemeinwesens, des Vaterlandes, verkörpert sieht. Auch in der Causa Homburg hat er bis zur Szene IV,1 nicht anders verfahren. Seine Selbstsicherheit wird erst erschüttert (V. 1161, 1176), als er von dem Auftritt des Prinzen (III,5) erfährt. Dabei ist es der für ihn im Verhalten des Prinzen mitschwingende Vorwurf der Ungerechtigkeit, der ihn irritiert, muss er doch vermuten, dass seine stillschweigende Voraussetzung, dass seinem eigenen Handeln nach den Buchstaben des Gesetzes eine Anerkennung der Rechtmäßigkeit von Seiten aller seiner Untertanen gegenübersteht, durch den Prinzen in Frage gestellt sein könnte. Erst dadurch, dass er jetzt den Prinzen als Richter in eigener Sache aufruft, wird ein Staatsverständnis thematisch und kommt mit der späteren freien Unterwerfung des Prinzen unter das Gesetz des Krieges, aber auch der letztendlichen Begnadigung des Prinzen gegen den Buchstaben des Gesetzes, zur Entfaltung, das den scheinbar unversöhnlichen Gegensatz von absolutem Gesetzgeber und freier Gefolgschaft, zwischen dem harten Buchstaben des Gesetzes und den ‚lieblichen Gefühlen' der Menschen, in einem utopischen Akt der Versöhnung ausgleicht. Auch in dieser Deutung hat die Szene III,5 eine besondere dramaturgische Funktion.
Das Stück in all seiner vaterländischen Rhetorik und seinem militärischen Gepränge verschweigt auch nicht – auch dies eine Bedeutungsebene der Szene III,5 –, welche existenziellen Zumutungen eine solche Gesellschaft an das Lebensglück junger Menschen stellt, noch verschweigt es – dies klingt in den Versen 1030–1036 an –, wie weit sich eine solche gesellschaftliche Konstellation von dem natürlichen Prozess des Lebens entfernt hat.

III Die drei Monologe des Prinzen

Text

Heinrich von Kleist, *Prinz Friedrich von Homburg* I,6,355–365; IV,3,1286–1296; V,10,1830–1858

Aufgabenstellung

1. Analysieren sie die drei Monologe Homburgs auf dem Hintergrund ihrer jeweiligen Kontexte im Drama.

2. Erörtern und charakterisieren Sie den Entwicklungsprozess des Prinzen im Verlauf des Dramas.

Lösung

Zu 1

Der erste Monolog des Prinzen bildet den Abschluss des ersten Aktes. Der Prinz von Homburg hat in I,1 dem versammelten Hof das Schauspiel eines schlafwandelnden, im Vollsinn des Wortes träumerischen jungen Mannes geboten, dessen Seele ganz von seinen Wünschen nach persönlichem Glück, nach Ruhm und Liebe erfüllt schien. In I,5 erleben wir einen bei der Befehlsausgabe geistesabwesenden Prinzen, dessen Aufmerksamkeit dem parallel stattfindenden Aufbruch der kurfürstlichen Familie gilt und dessen Fähigkeit, den Instruktionen zu folgen, sich gänzlich verliert, als er feststellt, dass ein Handschuh, den er nach dem Erwachen aus seinen Träumen im Schlosspark in Händen hielt, Prinzessin Natalie gehört. Für ihn ist dies ein Zeichen dafür, dass das erträumte Glück auch in seiner Lebensrealität erreichbar sein könnte. Der kurze Monolog des Prinzen bringt seine euphorische Glückserwartung und seine militärische Profession in einen unmittelbaren Zusammenhang. Der Prinz wendet sich an das Glück selbst, die imaginierte Figur der Schicksalsgöttin Fortuna, die in bildlichen Darstellungen der Renaissance auf einer rollenden (Welt-)Kugel mit einem Füllhorn, aus dem sie Glücksgaben verteilt, und einem Schleier, der die Ungewissheit des Schicksals symbolisiert, erscheint. Die bevorstehende Schlacht sieht der Prinz ausschließlich als eine persönliche Begegnung mit der Schicksalsgöttin. Er deutet den von Natalie erhaschten Handschuh als ein ‚Pfand' (V. 359), das ihm das Glück selbst „aus deinem Füllhorn lächelnd" (V. 360) zugeworfen habe. Das ihn überwältigende Glücksgefühl ist so schrankenlos, dass es in Maßlosigkeit und Allmachtsphantasien umschlägt. In der Schlacht werde er des Glückes ganzen „Segen mir zu Füßen" umstürzen, selbst wenn es mit Ketten „am schwedschen Siegeswagen" festgebunden wäre. Der Monolog in seiner mythologischen Metaphorik und rhetorischen Überhöhung ist die realitätsverlorene Phantasie eines exaltierten jungen Mannes. Der Prinz erscheint hier als narzisstische Persönlichkeit, dem seine Rolle als Reiteroffizier nur ein Mittel zu Erringung seines persönlichen Lebensglücks darstellt. Angesichts einer bevorstehenden militärischen Auseinandersetzung bleiben die damit verbundene Todesnähe und die Dimension der Bedeutung dieses Ereignisses für das Gemeinwesen, für das zu kämpfen seine Aufgabe ist, gänzlich außerhalb seiner Aufmerksamkeit.

Der zweite kurze Monolog (IV,3) bereitet das Gespräch mit Natalie vor (IV,4), in dem es um eine mögliche Begnadigung des Prinzen gehen wird. Vorher haben wir den Prinzen in III,5 in abgrundtiefer Todesfurcht erlebt. Um sein nacktes Leben zu retten, war er bereit gewesen, aus der Armee entlassen zu

werden und sogar auf die Liebe zu Natalie zu verzichten. Erst Natalies Hilfsangebot und ihr Appell an seine Tapferkeit als Offizier hatten ihn seine Fassung halbwegs wiedergewinnen lassen.
Im Gegensatz zum emphatischen und appellativen Gestus des ersten Monologs sind die Verse 1286–1296 von einer nüchternen, fast ironischen Lakonie geprägt. Hier spricht nicht mehr ein durch ein überwältigendes Glücksgefühl zu fast übermenschlichem Tatendrang motiviertes Individuum, sondern ein Mensch, der in eigener Todesnähe die Endlichkeit der menschlichen Existenz in kühl-distanziertem Gestus reflektieren kann. In den ersten sieben Versen beruft sich Homburg auf die Metapher des Derwischs vom Leben als einer Reise, die in zeitlicher und räumlicher Hinsicht auf die Eigenschaft der Kürze zugespitzt wird. Die Kürze der Reise bedingt die ständige Nähe des Todes als ihr Endpunkt. Fasst man dieses Ende der Reise in den Blick, dann relativiert sich die Reise am Ende auf den geringen Abstand von zwei Spannen über der Erde, in denen die Lebenden sich aufhalten, und wenige Spannen unterhalb der Erde, wo die Toten beerdigt sind. Diese ironische Verfremdung des Begriffs Reise verstärkt der Prinz noch dadurch, dass er sich ‚auf halbem Wege', nämlich auf dem Boden, niederlässt. Auch die zeitlichen Bestimmungen ‚heute', ‚morgen' und ‚übermorgen' betonen die Kürze des Lebens. Nur kurz sind die Zeitintervalle zwischen Leben (Haupt auf der Schulter), Todesstunde (Haupt, zitternd auf dem Leib) und dem Tod (Zerfall des Körpers). Bemerkenswert, dass Homburg hier nur materielle, d. h. körperliche Aspekte von Leben und Tod evoziert, der Tod erscheint als ein Verschwinden von der Erde und Zerfall des Körpers. Erst in V. 1293 wird scheinbar eine spirituelle Perspektive – mit der unbestimmten Ortsangabe ‚dort' – auf eine jenseitige Welt und ein Weiterleben nach dem Tod eröffnet. Die Bekräftigung des Glaubens an die Existenz einer solchen Welt (V. 1293) wird jedoch entwertet durch das leicht sarkastische Bedauern, dass man deren Herrlichkeiten, da die Augen ja vermodert seien, kaum werde wahrnehmen können. Homburgs zweiter Monolog zeigt einen Menschen, dessen Stoizismus dem Tod gegenüber nicht auf einer Jenseitserwartung beruht, wohl aber seine erworbene Fähigkeit, sich von den emotionalen Verstrickungen seines Lebens lösen zu können, zum Ausdruck bringt.
Der dritte kurze Monolog (V. 1830–1850) bildet den Beginn des 10. Auftritts des fünften Aktes. Homburg hat in seinem Antwortbrief an den Kurfürsten nicht um Gnade gebeten, in V,7 hat er vor den Offizieren seine Absicht bekundet, das ‚heilige Gesetz des Krieges' durch einen freien Tod zu verherrlichen, und seine Entscheidung ist als ein Fanal zur Wiederaufnahme des Befreiungskrieges gegen die Schweden gefeiert worden. Noch weiß er nicht, dass der Kurfürst mittlerweile sein Todesurteil zerrissen hat. So wie er im ersten Monolog, im Augenblick seiner größten Glückserwartung die Glücksgöttin selbst zum Ansprechpartner seiner emphatischen Rede macht, so ist es jetzt – in den Momenten vor seiner in Kürze erwarteten Hinrichtung – die

‚Unsterblichkeit‘, deren Wirken mit emphatischen Begriffen wie ‚Verklärung‘, ‚Sonne‘ und ‚Glanz‘ heraufbeschworen wird. Während er in I,6 noch das Glück durch bedingungslosen Einsatz seiner Lebenskräfte sich zu unterwerfen gedachte, so wird ihm in V,10 die Unsterblichkeit in einer Haltung kontemplativen Staunens jenseits allen persönlichen Handelns zuteil. In einer Nahtod-Vision wachsen ihm Flügel (V. 1833), und sein Geist, der alles auf die reale Welt gerichtetes Begehren verloren hat, schwingt durch stille Ätherräume – ein Bild des Aufsteigens von der realen Welt, die in Nebeln versinkt, das zugleich ein Loslösen von der Lebenswelt bedeutet. Die Momente des Abschieds vom Leben imaginiert er durch einem bildmächtigen Vergleich seiner selbst mit einem Schiff, das von einer äußeren Macht, dem Wind, von der Hafenstadt, dem Ort des munteren Lebens, weggetrieben wird. Das Verdämmern des Lebens wird vom Prinzen als ein aktueller (vgl. das mehrmalige „jetzt“) Übergang von Wahrnehmungszuständen beschrieben, bei dem sich die Bestimmtheiten der wahrgenommenen Dinge erst zu bloßen Formen und Farben reduzieren, um sich dann in dem unterschiedslosen Grau des Nebels aufzulösen (V. 1857 f.). Dass er den Abschied vom Leben als einen Prozess des stufenweise Verlöschens des Wahrnehmungs-Bewusstseins beschreibt, macht deutlich, dass der so emphatisch von ihm begrüßte Zustand der Unsterblichkeit für ihn kaum in einem persönlichen Weiterleben nach dem Tod bestehen kann, sondern sein Weiterleben im Gedächtnis der Nachwelt gemeint ist, eine Unsterblichkeit, die er sich sicher ist, durch seinen freien Entschluss, das ‚heilige Gesetz des Krieges‘ durch seinen Tod zu verherrlichen, errungen zu haben.

Zu 2

Vergleicht man die drei Monologe des Prinzen, dann fallen neben den inhaltlichen die großen Unterschiede in der sprachlichen und rhetorischen Gestaltung auf, die die Texte als poetischen Ausdruck oder auch sprachlichen Gestus ganz unterschiedlicher Selbstkonzepte erscheinen lassen. Dem mit aller Leidenschaftlichkeit des jungen Mannes rückhaltlos seinen persönlichen Glücksverheißungen mit den Mitteln seiner kriegerischen Profession nachjagenden Reiteroffizier (I,6) tritt der lakonisch, mit ironischer Bitterkeit und in Distanz zu seinem eigenen Schicksal über die Kürze des menschlichen Lebens Philosophierende (IV,3) und schließlich der mit einer emphatischen Vision eigener Unsterblichkeit in heiterer Gelassenheit das unmittelbar bevorstehende Ende seines Lebens Erwartende gegenüber (V,10). In diesen so heterogenen Erscheinungsweisen des Protagonisten trotzdem einen stringenten Entwicklungsprozess zu sehen, fällt nicht leicht. Unstrittig, dass durch die je andere poetische Struktur der Texte allein die je andere Bewusstseinsverfassung Homburgs zugänglich wird. So wird (I,6) in der personalen Ansprache der Schicksalsgöttin die Maßlosigkeit von Homburgs Glücksverlangen deutlich oder aus der lakonischen Sprache und der ganz dem Bereich des Körperlichen zuzuordnenden Bildlichkeit von IV,3 seine materialistische Anschauung und zugleich große Distanz zum menschlichen Leben. Wenn man jedoch die Handlungskontexte der Monologe betrachtet, dann scheinen die Texte eine psychologische Deutung als Ausdruck spezifischer Entwicklungsschritte Homburgs zumindest teilweise zuzulassen. Am Anfang des Dramas erscheint der Prinz als junger Träumer, dem die Erfahrungen seines ‚Traums vom Ruhm', als das ihm das ‚Krönungsspiel' aus I,1 in Erinnerung geblieben ist, wichtiger sind als seine Pflichten als Offizier. Als sich in I,5 durch ‚Auffinden seines Handschuhs' seine Wunschträume scheinbar zu erfüllen beginnen, verliert er endgültig jede Aufmerksamkeit und Interesse an seiner militärischen Aufgabe, ja stellt die kommende Schlacht ganz in den Dienst seines Glücksverlangens (Monolog 1). Auch sein Verhalten in der Schlacht ist nur durch sein unstillbares Verlangen nach Ruhm als Mittel zu seinem Glück bestimmt. Sein fast hochmütiges Gefühl, ein Glückskind zu sein, wird durch seine Verhaftung zwar tief gekränkt, aber nicht im Kern erschüttert. Auch in III,1 leitet ihn sein ‚Gefühl', die Bedeutung der Anklage gegen ihn zu verkennen. Erst in der Todesfurcht-Szene (nach der physischen Konfrontation mit seinem bereits ausgehobenen Grab) bricht diese narzisstische Realitätsverkennung auf brutale Weise zusammen. Vom ‚Glückskind' regrediert er zum hilflosen Kind, das Schutz bei seiner Mutter sucht und das sofort um des nackten Lebens willen all seinen Glücksträumen abschwört (V. 1022 ff.). In der schockartigen Erfahrung seiner Sterblichkeit, die er wegen seines Realitätsverlusts in der Schlacht nie gemacht hat, erscheint seine Glücksversessenheit als bloße Projektion einer unreifen Persönlichkeit. Das Eingreifen Natalies, ihre Hilfsbereitschaft und die Tatsache, dass sie ihn kontrafaktisch als ‚jungen Helden' anspricht und ihn an seine Pflichten als Offizier erinnert, lassen ihn seine Fassung wiedergewinnen, was vielleicht seinen nüchternen Blick auf die Realität in IV,3 (Monolog 2) zwar nicht zureichend psychologisch erklärbar, so doch nicht ganz unbegreiflich erscheinen lässt. Diese stoische Gelassenheit eines Menschen, der mit dem Leben abgeschlossen hat, macht auch begreiflich, dass er in IV,4 die Begnadigungsmöglichkeit durch den Kurfürsten ausschlägt, welche Entscheidung aber auch durch den Akt des Kurfürsten mitbedingt ist, der ihn ebenfalls als reife Persönlichkeit behandelt und ihm die Entscheidung in eigener Sache selbst überlässt. Kaum noch zureichend psychologisch auszudeuten, eher als Apotheose eines vaterländischen Helden, erscheint dann die Szene V,7. Sein Tod soll zu einem vaterländischen Fanal werden. Jene Unsterblichkeit, die eine Verwandlung seines Schicksals zu historischer Wirkmächtigkeit darstellt, lässt den Prinzen im dritten Monolog seinen Abschied vom Leben in heiterer, ja euphorischer Stimmung erwarten. Die Entwicklung des jungen Prinzen Homburg zum vaterländischen Helden erscheint im Drama als ein nicht in jeder Wandlungsstufe seines Selbst psychologisch überzeugend motivierter, gleichsam im Zeitraffer sich vollziehender Entwicklungsprozess, aber auch als ein vaterländischer Erziehungsprozess, der ganz zuletzt, durch die Begnadigung des Prinzen, auch zu einem Versöhnungsprozess wird zwischen der Herrschaft des Gesetzes, für die der Kurfürst steht, und jenen ‚lieblichen Gefühlen', von denen Natalie in IV,1 (V. 1130) sagt, dass sie in der sozialen Gemeinschaft des Vaterlandes auch herrschen sollen.

IV Das Drama als politische Utopie?

Text
Heinrich von Kleist, *Prinz Friedrich von Homburg* V,5,1483–1722; V,7,1733–1800

Aufgabenstellung

1. Analysieren Sie die beiden Textausschnitte in ihrem Bezug zueinander.
2. Erörtern Sie, inwieweit dem Drama, im Besonderen auch im Hinblick auf den Schluss, der Charakter einer politischen Utopie zukommt.

Lösung

Zu 1
Prinzessin Natalie hat – ohne Wissen des Kurfürsten – die Offiziere ihres Regiments nach Fehrbellin beordert, damit sie durch ihre Anwesenheit einer Bittschrift zugunsten des Prinzen Nachdruck verleihen können. Bei der Unterredung des Kurfürsten mit seinen Offizieren, angeführt von dem ‚alten Haudegen' Kottwitz, kennt der Kurfürst, nicht jedoch seine Offiziere, bereits den Antwortbrief des Prinzen auf das kurfürstliche Gnadenangebot. Da der Kurfürst seine Truppen nicht selbst nach Fehrbellin beordert hatte, liegt am Anfang ein Hauch von Rebellion über der angespannten Stimmung der Unterredung. Der Kurfürst versucht sofort, seine Autorität zu demonstrieren, und lässt sich die von Natalie unterzeichnete Ordre zum Einrücken der Truppen vorweisen. Als er Natalies Unterschrift sieht (V. 1492), erwähnt er die Eigenmächtigkeit seiner Nichte mit keinem Wort, sondern gibt vor, er selbst habe die Truppen kommen lassen, um dem Prinzen „die letzten Ehren morgen zu erweisen" (V. 1500). Nachdem der Kurfürst die Bittschrift sorgfältig gelesen hat, entbrennt ein Disput zwischen ihm und Kottwitz um die Frage, ob Homburgs unbeordertes Eingreifen in die Schlacht deren Erfolg erst gesichert hat, wie Kottwitz behauptet, oder dessen Eingreifen einen vernichtenden Schlag gegen die Schweden gerade verhindert hat, wie der Kurfürst dagegenhält. Bemerkenswert, dass dieser Disput zwischen Souverän und Untergebenem sehr offenherzig auch vonseiten Kottwitz' geführt wird. Dann jedoch kommt der Kurfürst zum eigentlich kritischen Punkt: Er wolle „das

Gesetz […] / Die Mutter meiner Krone, aufrecht halten“ (V. 1568 f.); in seiner unverkürzten Befehlsgewalt sieht er nicht nur sein Recht, sondern auch den Ursprung seiner militärischen Überlegenheit. Gegen diese legalistische Auffassung erhebt Kottwitz in einer langen emotionsgeladenen Rede Einwände, die den Kurfürsten, wie er selbst zugibt (V. 1610 ff.), in Bedrängnis bringen. Kottwitz setzt gegen den Buchstaben des Willens seines Souveräns ein anderes, höheres Gesetz, das Vaterland mit dem Fürsten als dessen lebendem Symbol. Die höchste Regel im militärischen Kampf sei diejenige, die den Feind besiegt. Dann preist er die Empfindung des Soldaten für sein Vaterland und dessen Souverän, die doch oft einziges Rettungsmittel im militärischen Kampf sei (V. 1588). Einzig diese Empfindung habe ihn selbst zum Soldaten werden lassen und er sei sich sicher, dass, auch wenn der Kurfürst den Prinzen jetzt mit dem Tod bestrafe, er selbst in einer ähnlichen Situation genau so handeln würde wie der Prinz. Der Kurfürst ruft daraufhin gegen diesen ‚spitzfündigen Lehrbegriff der Freiheit‘ den Prinzen selbst als Anwalt seiner Sache, von ‚Kriegszucht und Gehorsam‘, herbei.
An der Szene V,7, die diesen Auftritt darstellt, wird zu sehen sein, ob und inwieweit der Prinz hier tatsächlich die Position des Kurfürsten vertritt, den Gehorsam gegen die freie Entscheidung, den Buchstaben des Gesetzes gegen die entscheidende Bedeutung der vaterländischen Empfindung verteidigt. Zur Bestürzung der Offiziere wendet sich der Prinz an Kottwitz, dankt ihm für seine Hilfe, bittet ihn aber zurückzukehren, da er sich die Sache überlegt habe und den Tod erdulden wolle. Auf den Protest der Offiziere hin bekräftigt er seine Entscheidung, indem er sie zu einem vaterländischen Akt verklärt (V. 1749–1762). Er wolle das ‚heilige Gesetz des Krieges‘ durch einen freien Tod verherrlichen, sieht darin einen glänzenden Sieg über ‚Trotz’ und ‚Übermut’ als die verderblichsten der inneren Feinde und ergänzt seine Worte durch einen Appell an die Freiheit des Brandenburgers, dem der unterdrückerische Fremdling erliegen möge. Gerührt drängen sich die Offiziere nun um ihn, er aber wirft sich dem Kurfürst zu Füßen und erbittet von diesem eine persönliche Versöhnung des Herzens, so wie er selbst ‚versöhnt und heiter‘ das Urteil hingenommen habe. Hier geht es also um mehr als um die Akzeptanz des Urteils, nämlich um die (Wieder-)Herstellung der persönlichen emotionalen Bindung zwischen Souverän und Gefolgsmann jenseits aller Rechts- und Machtverhältnisse. Aus dem Geist dieser Versöhnung heraus bittet der Prinz den Kurfürsten, der diesen zum ersten Mal als seinen ‚Sohn‘ anspricht, um eine Gnade: den Abbruch der Verhandlungen mit den Schweden. Statt den Frieden „ehrlos“ mit der Hand Nataliens zu erkaufen, sollten die Waffen eine ‚ehrenvolle‘ Antwort auf das schwedische Angebot sprechen. Der Kurfürst nimmt den Ball in diesem ‚vaterländischen Spiel‘ auf und stilisiert die Entscheidung des Prinzen zu einem Fanal des militärischen Sieges über den Feind. Nach der feierlichen Versöhnung spricht der Prinz gar eine Segensbitte für den Kurfürsten und endet mit dem hyperbolischen Appell: „Geh und

bekrieg, o Herr, und überwinde / Den Weltkreis, der dir trotzt – denn du bists wert!" (V. 1798 f.) Hat der Kurfürst nun mit dem Prinzen als Sachwalter seine Position vor den Offizieren gestärkt? Der Prinz hat nicht nur die Bereitschaft, sich über Anordnungen des Souveräns hinwegzusetzen, zu Trotz und Übermut, den verderblichsten inneren Feinden, erklärt, er spricht nicht nur von seiner Schuld, von der er durch seinen Tod rein gewaschen werde (V. 1770), sondern er unterwirft sich sogar, weit entfernt davon, an dem harten Urteil irgendeine Kritik zu üben, „versöhnt und heiter dem Rechtsspruch" (V. 1771 f.), bittet gar seinen Souverän noch um den ‚Trost' einer persönlichen Versöhnung. Aber sein Auftritt ist zugleich mehr und anderes als eine Rechtfertigung der kurfürstlichen Autorität, er soll auch sein ein freier Akt der Entscheidung, durch seinen Tod das Gesetz des Krieges, das er heilig nennt, zu verherrlichen. Dieses Gesetz ist nicht ohne Weiteres gleichzusetzen mit den Befehlen des Kurfürsten, sondern es scheint eher jene Regel zu sein, die den Feind schlägt, welche Kottwitz zuvor erwähnt hat, und die deshalb heilig ist, weil sie zur Befreiung des Vaterlandes führen soll, weshalb der Prinz als letzte Bitte auch die Fortsetzung des Befreiungskampfes fordert. Aus den Worten Homburgs spricht überdies jene tiefe vaterländische Empfindung, die Kottwitz in seiner Rede leidenschaftlich beschworen hat. Der Auftritt ist eine Apotheose des Prinzen, seine Geburt als vaterländischer Held, bei der der Kurfürst, obwohl er sich vordergründig in seiner Autorität bestätigt finden kann, doch eher zum Mitspieler des Prinzen wird.

Zu 2

Kleist selbst hat das Stück – eher beiläufig – als ‚vaterländisches Schauspiel' bezeichnet. Das Vaterländische des Stücks liegt nicht allein in der Darstellung einer Episode der brandenburgisch-deutschen Geschichte des 17. Jahrhunderts, sondern auch in den Querverweisen zur Situation Preußens zu Beginn des 19. Jahrhunderts, der Entstehungszeit des Dramas. Nach der vernichtenden Niederlage von 1806 war Preußen nahezu ein Vasallenstaat Frankreichs unter Napoleon, und der preußische König Friedrich Wilhelm III. sah sich zu einer militärischen Allianz mit Napoleon gedrängt. Kleists Drama spielt nicht nur vor einem der Situation des Jahres 1810 vergleichbaren geschichtlichen Hintergrund (Einfall der fremden Macht Schweden in Brandenburg und daraus entstehender Befreiungskampf gegen den ‚Fremdling' [V. 1759]), sondern ergreift Partei für die Kriegspartei am preußischen Hof von 1810, die zu einem nationalen Befreiungskampf gegen die Franzosen bereit war. Für den Kurfürsten ist eine mögliche – dynastische – Verbindung mit Schweden nur ein Opfer, „vom Missglück nur des Kriegs mir abgerungen" (V. 1787), und gerade die Szene V,7 trägt Züge eines Aufrufs zu einem nationalen Befreiungskampf, angesichts der Machtverhältnisse im Jahre 1810 – noch – eine Utopie.

Züge einer Utopie trägt das Stück auch noch in anderer Weise, nämlich in

dem Umstand, dass gerade der Prinz von Homburg und sein Schicksal zum Kristallisationspunkt des vaterländischen Kampfes wird. Der Prinz erscheint in den ersten drei Akten als eine Person mit – für seine Umgebung – eher befremdlichen Zügen. Wir erleben den jungen Reiteroffizier mitten im Krieg als Schlafwandler, der zum Gespött der Hofgesellschaft wird (I,1), dann als träumerischen Jüngling, der mit seinen Gefühlsverwirrungen statt mit militärischen Vorbereitungen beschäftigt ist (I,4 und I,5); sein Verhalten in III,1 zeigt deutliche Anzeichen von Realitätsverlust auf und schlägt jäh in tiefste Todesfurcht um, die ihn zu einem völlig würdelosen Auftreten vor seiner Verlobten bringt. Aber gerade ihm, dieser psychisch gefährdet erscheinenden Persönlichkeit, eher einem Außenseiter in der zu Würde und Fassung verpflichteten Hofgesellschaft, wird am Schluss jene Verklärung und Verherrlichung zuteil, die er sich am Anfang erträumt hatte. Wahrlich ein „Traum, was sonst?“, wie Kottwitz auf die ungläubige Frage des Prinzen antwortet (V. 1856).
Der utopische Charakter des Schlusses betrifft aber auch, ja vor allem, die politisch-soziale Dimension des Dramas. Diesem Ende voraus geht allerdings in V,9 die Begnadigung des Prinzen. Zwar hatte bereits sein Auftreten in V,7 ihn zu einem vaterländischen Helden in den Augen der von seiner Haltung gerührten Offiziere werden lassen, aber mit ihrem Herrscher versöhnt sind die Offiziere hier ersichtlich noch nicht, wie zu Anfang von V,9 deutlich wird. Erst als der Kurfürst das Todesurteil zerreißt, kehrt ihre begeisterte Empfindung für ihren Souverän zurück. Mit der Begnadigung des Prinzen ist erst jener Zustand der Gesellschaft erreicht, in der das Verhältnis zwischen Herrscher und Gefolgschaft nicht allein durch die brandenburgischen Kriegsartikel, sondern auch durch jene ‚lieblichen Gefühle‘, von denen Natalie in IV,1 und Kottwitz in V,5 gesprochen haben, das emotionale Füreinanderstehen freier Menschen im Dienste des gemeinsamen Vaterlandes, geprägt, das seinem Geiste nach den Regeln und Gesetzen der Gesellschaft übergeordnet ist. Auch der Kurfürst stimmt am Ende durch den Akt der Begnadigung – und hierin zeigt sich der utopische Charakter des Stücks – faktisch einer Gesellschaftsordnung zu, in der – unbeschadet ihrer krassen Asymmetrie der Machtverhältnisse – alle Normen rückgebunden bleiben müssen an das Einverständnis aller in ihr lebenden freien Menschen, was dann vorausgesetzt werden kann, wenn der souverän Regeln und Gesetze festlegende und seine oberste Befehlsgewalt ausübende Herrscher und seine zum Gehorsam verpflichtete Gefolgschaft übereinstimmen in der tätigen Empfindung für das Überleben und Gedeihen des gemeinsamen Vaterlandes. Erst durch die Versöhnung unterschiedlicher Wertvorstellungen (Anerkennung der Gesetze durch die Opferbereitschaft des Prinzen und Anerkennung des Werts vaterländischer Empfindung seitens des Kurfürsten durch Begnadigung des Prinzen) wird das Stück auch in ästhetischer Hinsicht zum ‚Schauspiel‘ im Sinne des Philosophen Hegel. Während der Tod des Helden in der Tragödie

sich letztlich nach Hegel durch die Unvereinbarkeit seiner Normbindungen mit denjenigen seiner Umwelt ergebe, lenke der Ausgang des Schauspiels den Blick auf eine gemeinsame ideelle Wertordnung aller Beteiligter. Ein solcher Hinblick aber hat angesichts der Unvollkommenheit menschlicher Wertorientierungen generell utopischen Charakter. Dass Kleists Drama eine solche jenseits aller Machtverhältnisse und Gesetzesbindungen liegende, auf gemeinsamer Empfindung beruhende, übergesetzliche Wertvorstellung gerade im Kontext eines vaterländischen (‚nationalen') Freiheitskampfes darstellt, macht das Werk, erst recht angesichts der Situation von 1810, zu einer politischen Utopie im Sinne einer konservativ-romantischen Staatsvorstellung.

V Zwei Dramenanfänge im Vergleich

Texte

Friedrich Schiller, *Don Karlos* I,1,1–127

Heinrich von Kleist, *Prinz Friedrich von Homburg* I,1,1–77

Aufgabenstellung

Analysieren und vergleichen Sie die beiden Dramenanfänge. Bewerten Sie dabei die jeweilige dramaturgische Gestaltung des Protagonisten im Hinblick auf seine jeweilige Kommunikationssituation.

Lösung

Die erste Szene des *Don Karlos*, die im königlichen Garten von Aranjuez spielt, ist ein in Blankversen verfasster Dialog zwischen dem Kronprinzen Don Karlos, dem Protagonisten des Dramas, und Domingo, dem Beichtvater von König Philipp, Vater von Don Karlos – ein Dialog, der von starken Spannungen geprägt ist. Karlos, der augenscheinlich finsterer Stimmung ist, begegnet Domingo anfangs mit beharrlichem Schweigen und Gesten des Ausweichens (V. 8, V. 21), und als er doch den Dialog aufnimmt, weicht er den Fragen Domingos aus oder begegnet ihm mit Ironie und Sarkasmus. In der beharrlichen Bemühung Domingos, trotz aller Widerstände des Prinzen den Dialog fortzusetzen, wird ersichtlich, dass Karlos' am Ende offen geäußerte Vermutung zutrifft (V. 97), dass Domingo einer jener von Philipp bezahlten Zuträgern ist, die den Prinzen beständig auszuhorchen versuchen. Ziel dieses verdeckten Verhörs ist es, wieder einmal, so kann man vermuten, die Gründe für die Schweigsamkeit und die seit Monaten andauernde melancholische Verstimmtheit des Prinzen in Erfahrung zu bringen. Domingo verfolgt eine flexible Gesprächsstrategie, um sein Ziel zu erreichen. Anfangs schmeichelt

er dem Prinzen, wenn er in epischer Breite jene glanz- und machtvolle Huldigungszeremonie des Infanten in Toledo schildert, bei der der Prinz alle Anzeichen von Hochstimmung gezeigt habe, und er kontrastiert dann dieses Bild in salbungsvollen Worten mit dem Kummer des Hofes wegen dessen jäher Wandlung. Als er dann – wie absichtslos – die Tränen seiner Mutter erwähnt, verliert der Prinz einen Augenblick die Beherrschung und es entfährt ihm der verräterische Satz: „O Himmel, gib, dass ich es dem vergesse, der sie zu meiner Mutter machte." Karlos versucht nun, und deshalb muss er den Dialog aufnehmen, Domingo von der unbeabsichtigt gelegten Fährte (der Liebe zu seiner Stiefmutter) abzubringen, und gibt vor, Unglück mit seinen Müttern zu haben: seine leibliche Mutter sei nach seiner Geburt gestorben und seine Stiefmutter habe ihn schon die Liebe seines Vaters gekostet, die ohnehin nur auf dem Umstand beruhte, dessen einziger Sohn zu sein, ein Umstand, so lässt er anklingen, der durch weitere Kinder in Frage gestellt wäre. Domingo aber geht auf diese plausible Erklärung für Karlos' Schwermut nicht ein und versucht dem Prinzen ein Eingeständnis seiner emotionalen Beziehung zur Königin zu entlocken. In beredten Worten beschreibt er die von allen bewunderte Schönheit der neuen Königin, um dann Karlos an eine kürzlich stattgefundene Begebenheit zu erinnern, bei der die Königin mehr emotionale Anteilnahme am Schicksal Karlos' als dem seines Vaters gezeigt habe. Dieser Versuch Domingos, Karlos zu emotionalen ‚Geständnissen' zu provozieren, scheitert, da der Prinz Domingos Absicht durchschaut, was ihn zu ironischen Bemerkungen provoziert, aber Auskünfte über sich offen verweigern lässt, weil er der Meinung sei, dass „Gebärdenspäher und Geschichtenträger" (V. 70) für mehr Unheil sorgen könnten als mancher Mörder. Diesen indirekten Angriff pariert Domingo dadurch, dass er den Prinzen in seiner Auffassung bestärkt, sich selbst aber als ehrlichen Freund in Empfehlung bringen will, was jedoch den bitteren Spott des Prinzen hervorruft, der ihn ermahnt, sein Freund zu sein würde Domingos Ambitionen auf den Kardinalshut im Wege sein (V. 82). Einen letzten Anlauf unternimmt Domingo, indem er seine Identität als Mann der Kirche ins Spiel bringt, was dem Prinzen die Möglichkeit gebe, unter dem Siegel des Beichtgeheimnisses sein Gewissen zu erleichtern. Aber auch über diese Brücke geht Karlos nicht. Hinter Karlos' ironischer Einlassung, Domingo sei ein heiliger Mann, aber er solle sich doch auf seinem noch weitem Weg bis zum Papsttum nicht mit unnützem Wissen beschweren, wird sein tiefes, mit leiser Furcht gepaartes Misstrauen gegen Domingo als Mann der Kirche deutlich, den er schließlich offen als Zuträger seines Vaters bezeichnet, und in seiner aufkommenden Wut gibt er gar zu erkennen, dass er alle Mitglieder des Hofes für gut bezahlte Spitzel und Intriganten ansieht. Jetzt erst sieht Domingo die Sinnlosigkeit seiner Bemühungen ein und verabschiedet sich steif und zeremoniell.
Die Szene I,1 macht den Zuschauer gleich zu Anfang des Stücks mit seinem Protagonisten bekannt und in der Weise, wie sie dies tut, gibt sie wichtige

Hinweise auf den zentralen Konflikt des Dramas und seine Vorgeschichte. Wir erleben einen melancholisch verstimmten Prinzen, dessen Schweigen sowohl Ausdruck seiner Verstimmung ist als auch der Absicht entspringt, die Gründe seiner Verstimmung vor seinem Vater und dessen Zuträgern zu verbergen. Im Dialog mit Domingo lässt er sich zuweilen (V. 28, V. 111 f.) durch seine starke Anspannung zu unbedachten Äußerungen hinreißen, die zudem von diesem provoziert erscheinen. Aus Karlos' Äußerungen – die insoweit expositorische Funktion für den Vater-Sohn-Konflikt des Dramas haben – wird seine emotionale Bindung an seine Stiefmutter, vormals seine eigene Braut, sichtbar, die er aber vor dem Hof zu verbergen trachtet, weil er die Wut seines Vaters fürchtet. In seiner melancholischen Verstimmung ist Karlos aber gleichwohl zu rationalem Verhalten und Einsicht in seine Situation fähig. Sein anfängliches Schweigen ist sowohl Ausdruck seiner Stimmung wie Taktik, deren Gründe zu verbergen, und als ihm doch eine unbedachte Äußerung entfährt, versucht er durch eine plausibel klingende Begründung für die Ablehnung seiner Stiefmutter vom eigentlichen Grund seiner Verstimmung abzulenken. Die Szene zeigt uns einen seiner Handlungsmotive bewussten Helden, der Züge eines Protagonisten im klassischen Drama aufweist, obschon der angedeutete Vater-Sohn-Konflikt auch Hinweise auf ein Drama des Sturm und Drang vermittelt. Die persönlichen Eigenheiten des Helden, aber auch wichtige Voraussetzungén des dramatischen Konflikts werden allein durch den Dialog eingeführt, wobei die Charakterzüge des Protagonisten zugleich im Gespräch entfaltet sowie in dessen Funktion als ‚Verhörsituation' in ihren Beweggründen thematisiert werden. Der Gesprächspartner Domingo ist sowohl ein Agent des Vaters, des Gegenspielers des jungen Prinzen, als auch ein Vertreter jener Macht, der Kirche, deren – mit der politischen Macht eng verbundener (Domingo ist Beichtvater des Königs) – universeller Anspruch, über das Gewissen (V. 34) und damit die innersten Beweggründe des Menschen zu wachen, das Gegenmodell zur Freiheit des Menschen darstellt.

Die erste Szene des *Prinzen von Homburg* spielt ebenfalls in einem Garten, demjenigen des Schlosses zu Fehrbellin, wenn auch zu nächtlicher Stunde. Der Freund des Prinzen, Graf Hohenzollern, führt die Hofgesellschaft – den Kurfürstin und seine Gemahlin, Prinzessin Natalie und weitere Personen des Hofes – an die Rampe zum Schlosspark, um der Gesellschaft den einsam im Park sitzenden, in Schlaf versunkenen Prinzen vorzuführen. Man habe, so berichtet Hohenzollern, den Prinzen beim Aufbruch seiner Truppe vermisst, ihn gesucht und als Nachtwandler im Park vorgefunden Der seltsame Auftritt des Prinzen löst allseitiges Erstaunen, ja gar die Befürchtung aus, der junge Mann sei krank. Um den „märchenhaften" Auftritt näher zu betrachten, steigt die Hofgesellschaft in den Park hinunter, umringt den Prinzen mit Fackeln, ohne dass dieser eine Regung zeigt, und es sind tatsächlich Lorbeerzweige – immerhin eine seltene Pflanze in Brandenburg –, die der Prinz zu einem Kranz windet. Hohenzollern spottet über diesen Anblick und der Kurfürst entschließt sich zu einem ‚stummen Spiel' mit dem Prinzen. Er nimmt dem Schlafenden den Kranz ab, umwickelt ihn mit seiner goldenen Kette und reicht diese seiner Nichte Natalie. Erst als diese den Kranz über sein Haupt hält, beginnt der Prinz flüsternd zu sprechen, spricht Natalie als sein Mädchen, den Kurfürsten als seinen Vater an, will dann Natalie, die sich auf einen Wink ihres Onkels zurückzieht, festhalten, erwischt aber nur einen ihrer Handschuhe, worauf sich die Hofgesellschaft schnell wieder über die Rampe zurückzieht und der Kurfürst dem Träumenden ein dreifaches „Ins Nichts" entgegenschleudert.

Eine seltsame Eröffnungsszene für ein ‚klassisches' Drama. Wir erleben im Prinzen Homburg einen jungen Reiteroffizier, der, mitten in Kriegszeiten, schlafwandelnd im Garten vor sich hinträumt, seine Umgebung trotz des hellen Fackelscheins nicht wahrnimmt und sich einen ‚Siegeskranz' flechtet, wie Hohenzollern sein Tun spöttisch interpretiert. Als Natalie zu seiner ‚Krönung' ansetzt, stellt sich beim Prinzen, ihm selbst unbewusst, eine eingeschränkte Wahrnehmung der Realität ein, die nur für die Projektion seiner eigenen Wunschträume sich öffnet. Wir erleben eine Hofgesellschaft, die sich vor Verwunderung über den „jungen Toren" kaum zu fassen weiß, dann aber bei dem Scherz des Kurfürsten das Publikum abgibt, einem Spiel, das in dem Augenblick abrupt beendet wird, als der somnambule Prinz gleichwohl Kontakt zu Natalie und dem Kurfürsten aufzunehmen scheint. Diese Szene, die mit ihren Wortspielen und dem Spiel mit einem Unbeholfenen, Wehrlosen am ehesten noch komödienhafte Züge hat, steht in ihrer dramaturgischen Konzeption und ihrer Darstellung des Protagonisten einem ‚klassischen Drama' vollkommen entgegen.

Anders als im *Don Karlos* wird die Handlung weniger aus dem Dialog heraus entwickelt; im Mittelpunkt stehen – nach den episch-berichtenden Versen Hohenzollerns – Elemente des pantomimischen Spiels (das Kranzwinden, das ‚Krönungsspiel' mit seinem Ensemble aus Gesten und Körperbewegungen).

- Dieses gestische Repertoire ist zugleich symbolisch bedeutsam als Ausdruck der Innenwelt des Träumers wie der Distanz der Hofgesellschaft zu diesem, mithin auch der völligen Asymmetrie zwischen dem Protagonisten und seinen Gegenspielern.
- Im völligen Gegensatz zu Don Karlos, dessen Verhalten zwar auch durch Emotionen bestimmt ist, die für ihn aber zugleich reflexiv zugänglich sind und die er, weil sie dies sind, im Dialog mit Domingo zu verbergen versucht, erscheint der Prinz von Homburg als schierer Ausdruck seiner emotionalen Innenwelt, die sich, weil sie ganz aus dem (Unter-)Bewusstsein eines Träumenden herrührt, vollständig einer rationalen Kontrolle entzieht.

- Dass der Prinz in der Szene als ‚Held‘ (V. 23) bezeichnet wird, ist ein Ausdruck romantischer Ironie, denn in der Szene erscheint er nicht nur alles andere als ‚heldisch‘, sondern auch nicht als Protagonist im Sinne klassischer Dramaturgie, ja noch nicht einmal als Person, sondern eher wie eine Marionette seiner eigenen Innenwelt, auch nicht als (Gesprächs-)Partner anderer Personen, sondern als ein mit Spott bedachtes Objekt von deren Spiel.
- Die Darstellung des Prinzen als Träumer, aber auch der Schauplatz einer nächtlichen Natur-Szenerie lässt eher an die Szene eines romantischen Schauspiels denken, sind doch ‚Nacht‘ und ‚Traum‘ in ihrer symbolisierenden Nähe zum Unterbewusstsein eher Charakteristika romantischer Poesie.
- Die Szene I,1 des *Prinzen von Homburg* ist ein vielschichtiges, auch mit Elementen romantischer Ironie ausgestattetes (vgl. den kurzen Dialog über die Herkunft der Blumen) poetisches Bild, das am Schluss des Dramas, allerdings mit bedeutsamen Veränderungen, wiederholt wird. Dies macht deutlich, dass die erste Szene, im Gegensatz zum *Don Karlos*, nicht als vorausweisender Ausgangspunkt eines tragischen Konflikts zu verstehen ist, sondern vielmehr als Beginn eines Entwicklungsprozesses, der die Titelfigur von einem seiner selbst unbewussten Träumer, der die Welt nur als Projektion seiner (Wunsch-)Träume wahrnimmt (vgl. V. 64 ff.), zu einer immer noch zu emphatischen Gefühlserfahrungen fähigen, aber sich der Welt in ihrer Eigenwertigkeit bewussten (vgl. das Gespräch über Blumen am Ende, V. 1840–45) Persönlichkeit werden lässt.

VI Empfindung und Handlung

Text

Heinrich von Kleist, „Von der Überlegung. Eine Paradoxe“, in: *Berliner Abendblätter*, 7. Dezember 1810

Aufgabenstellung

1. Analysieren Sie die Argumentationsstruktur des Textes und erläutern Sie, warum der Autor den Text eine Paradoxe (Widersinnigkeit oder Widersprüchlichkeit) nennt.
2. Erörtern Sie aufgrund Ihrer Kenntnisse von Kleists Drama *Prinz Friedrich von Homburg* zentrale Handlungselemente des Dramas, besonders das Handeln der Hauptfigur, unter dem Gesichtspunkt des in Kleists Text „Von der Überlegung“ dargestellten Verhältnisses von Empfindung und Überlegung beim Handeln.

Heinrich von Kleist, „Von der Überlegung. Eine Paradoxe“

Man rühmt den Nutzen der Überlegung in alle Himmel, besonders der kaltblütigen und langwierigen, vor der Tat. Wenn ich ein Spanier, ein Italiener oder ein Franzose wäre, so möchte es damit sein Bewenden haben. Da ich aber ein Deutscher bin, so denke ich meinem Sohn einst, besonders, wenn er sich zum Soldaten bestimmen sollte, folgende Rede zu halten.
Die Überlegung, wisse, findet ihren Zeitpunkt weit schicklicher nach, als vor der Tat. Wenn sie vorher, oder in dem Augenblick der Entscheidung selbst, ins Spiel tritt, so scheint sie nur die zum Handeln nötige Kraft, die aus dem herrlichen Gefühl quillt, zu verwirren, zu hemmen und zu unterdrücken; dagegen sich nachher, wenn die Handlung abgetan ist, der Gebrauch von ihr machen lässt, zu welchem sie dem Menschen eigentlich gegeben ist, nämlich sich dessen, was in dem Verfahren fehlerhaft und gebrechlich war, bewusst zu werden, und das Gefühl für andere künftige Fälle zu regulieren. Das Leben selbst ist ein Kampf mit dem Schicksal, und es verhält sich auch mit dem Handeln wie mit dem Ringen. Der Athlet kann, in dem Augenblick, da er seinen Gegner umfasst hält, schlechthin nach keiner anderen Rücksicht, als nach bloßen augenblicklichen Eingebungen verfahren, und derjenige, der berechnen wollte, welche Muskeln er anstrengen, und welche Glieder er in Bewegung setzen soll, um zu überwinden, würde unfehlbar den kürzeren ziehen, und unterliegen. Aber nachher, wenn er gesiegt hat oder am Boden liegt, mag es zweckmäßig und an seinem Ort sein, zu überlegen, durch welchen Druck er seinen Gegner niederwarf, oder welch ein Bein er ihm hätte stellen sollen, um sich aufrecht zu erhalten. Wer das Leben nicht, wie ein solcher Ringer, umfasst hält, und tausendgliedrig, nach allen Windungen des Kampfs, nach allen Widerständen, Drücken, Ausweichungen und Reaktionen, empfindet und spürt, der wird, was er will, in keinem Gespräch durchsetzen; vielweniger in einer Schlacht.“

Lösung

Zu 1

Der kleine Text von Kleist – eine Art philosophisch-psychologische Skizze – untersucht die Bedeutung von Überlegung und Empfindung für das Handeln des Menschen. In den Z. 1–5 stellt der Autor die ‚herrschende Meinung‘ zu diesem Sachverhalt vor und stellt zugleich deren Geltung unter einschränkende Bedingungen. In dem dann folgenden längeren Abschnitt (Z. 6–27) stellt Kleist seine eigene, von der allgemeinen Meinung abweichende These dar, dies geschieht in zwei einander folgenden Argumentationsschritten (Z. 6–13 und Z. 13–27).

- Kleist führt zuerst die ‚herrschende Meinung‘ an, nach der es wichtig sei, vor einer Handlung ‚kaltblütige‘ und ‚langwierige‘ Überlegungen anzustellen, d. h. Sinn, Zweck und Mittel einer Handlung ohne emotionale Prärogative zu bedenken. Diese Auffassung hält er offenbar für das Resultat eines

Nationalcharakters, da dies zwar für den Angehörigen eines romanischen Volkes, aber nicht für einen Deutschen gelten könne. Seine Gegenthese, also die ‚deutsche' Beschreibung des Sachverhalts, formuliert Kleist dann in der Form eines zukünftigen Ratschlages an seinen (fiktiven) Sohn: „besonders, wenn er sich zum Soldaten bestimmen sollte." (Z. 4 f.) .

- Kleists Kernthese lautet, dass es im Sinne des Ergebnisses einer Handlung sei, die rationale Überlegung nach statt vor einer Handlung ins Spiel zu bringen. Als Begründung führt er an, dass die Handlungskraft, die notwendig ist, um das Handlungsziel zu erreichen, und die ganz aus dem ‚herrlichen Gefühl' stamme, durch bewusste Überlegung unterdrückt und verwirrt werden könne. Der zweckmäßige Gebrauch der Überlegung bestehe in einem ‚Nach-Denken', d. h. einer Reflexion, sich angesichts des erreichten Handlungsziels die verwendeten Mittel und deren etwaige Fehler bewusst zu machen, um künftige Handlungen zu optimieren. Es geht dabei aber nicht um bessere (rationale) Mittel, sondern um eine Verbesserung der Regulierung des Gefühls. Damit wird klar, dass der eigentliche Kern der These ein Plädoyer dafür darstellt, die planende Rationalität des Menschen in den Dienst der vom Gefühl gesteuerten Handlung zu stellen.
- Kleist stellt nun eine weitere Behauptung auf („Das Leben selbst ist ein Kampf mit dem Schicksal") und erörtert dann durch eine Analogie zwischen dem Leben und dem Ringkampf die vorrangige Bedeutung des Gefühls. Er ruft den entscheidenden Moment des Ringkampfes vor Augen, in dem der Kämpfer seinen Gegner umfasst hält. In diesem Moment müsse der Kämpfer rein instinktiv handeln, nach den augenblicklichen „Eingebungen" verfahren (Z. 17); rationale Überlegungen würden ihn jetzt in seiner Kraft schwächen und den Kampf verlieren lassen. Erst in der Nachbetrachtung eines Kampfes könnten solche Überlegungen ihren Zweck in der Stärkung der künftigen Kampfkraft haben. Kleist zieht aus dieser Beschreibung einer elementaren Kampfsituation die verallgemeinernde Konsequenz für das als Kampf mit dem Schicksal verstandene menschliche Leben in Form eines Bedingungszusammenhangs, der in seiner sprachlichen Gestalt der doppelten Verneinung eine generelle Lebensregel formuliert. Nur derjenige, der das Leben wie ein Ringkämpfer reflexionslos umfasst hält, es in dieser Situation in all seinen Facetten, hinsichtlich aller Entwicklungspotenziale („Windungen") und Widerstände, emotional erfahren kann („empfindet und spürt"), der wird das, was er wolle, auf der Ebene des Gesprächs wie auf der Ebene des Kampfes („Schlacht") erreichen können.
- Inwiefern ist nun dieser kurze Text eine Paradoxe, liegt in ihm eine Widersprüchlichkeit? Als Erstes stehen die Thesen des Textes in deutlichem Widerspruch zu philosophischen Bestimmungen – die auch Kleist bekannt gewesen sein dürften –, was eine Handlung ist und welche Rolle Überlegung und Gefühl dabei spielen. Eine Handlung ist danach ein menschlicher

Akt, dem eine rationale Planung, die die Festlegung gewünschter Handlungsziele wie auch die Auswahl geeigneter Mittel betrifft, vorausliegt. Diese Planung muss nicht immer ganz bewusst vollzogen werden, aber sie liegt doch formal jeder durch einen Willensakt geleiteten Handlung zugrunde. Das Gefühl hat dabei einen Ort nur als ein Handlungsmotiv, als eine Instanz, die uns dazu treibt, bestimmte Ziele zu wählen, aber es gefährdet eher den Handlungserfolg, wenn es sich als einziges Mittel der Handlung bemächtigt. Und genau dieses Gefühl erklärt Kleist jetzt zum einzig erfolgversprechenden Mittel der Handlung.

- Kleists These hat eine gewisse Plausibilität, wenn man den Begriff der Handlung konsequent aus dem Begriff des ‚Kampfes' ableitet. Aber was bei einem Ringkämpfer den augenblicklichen Erfolg garantiert, das instinktive, affektgeleitete Handeln, kann das auch jene Lebenskraft ausmachen, die eine erfolgreiche militärische Schlacht oder erst recht ein erfolgreiches Gespräch garantiert? Weiß ein das Leben nur mit seinen Gefühlen erfassender Mensch im strengen Sinne überhaupt, was er will?
- Der Text hat nun allerdings auch einen appellativen Charakter, von daher, aber auch von Kleists sachlich eher befremdlichen Bemerkung über Nationalcharaktere (Z. 2 f.) her lässt sich vermuten, dass dem Text auch ein nur angedeuteter Sub-Text zugrunde liegt, der ihm den Charakter einer – wegen der preußischen Zensurbehörde, mit der Kleist 1810 einige Probleme hatte – verschlüsselten politischen Botschaft verleihen könnte. Er würde dann das (nationale) Gefühl beschwören, das allein im Kampf mit dem Schicksal Erfolg verspricht, und dass aus Niederlagen im Kampf (Jena und Auerstädt 1806) vorzugsweise Lehren gezogen werden sollten, die „für andere künftige Fälle" das vaterländische Gefühl, und damit die vitale Dynamik des Kampfes, besser zu regulieren imstande wären.

Zu 2

Die grundlegenden Thesen des Artikels finden in der Personengestaltung des Dramas *Prinz Friedrich von Homburg* gleichsam ihre exemplarische Veranschaulichung. Beinah während des gesamten Dramas handelt die Titelfigur als ein von emphatischen Gefühlen getriebener Charakter. Am Tag der Schlacht von Fehrbellin erleben wir einen Prinzen, der zu spät kommt, weil es ihn getrieben hat, sich am Altar einer Dorfkirche „betend hinzuwerfen", und der dann wenig später, entgegen den Anordnungen des Schlachtplans, wild entschlossen, nur der ‚Ordre seines Herzens' (V. 474 f.) zu folgen, sich in die Schlacht stürzt. In III,1 ist es wiederum sein Gefühl, das ihn die Anzeichen seiner bevorstehenden Hinrichtung verdrängen lässt, und in III,5 ist es das ihn ganz beherrschende Gefühl tiefer Todesangst, das ihn zu einem würdelosen Auftritt verleitet. Das Gefühl, aus dem heraus der Prinz in den ersten drei Akten des Dramas handelt, ist jedoch ein – im Sinne des Texts „Von der Überlegung" – unvollkommenes Gefühl, weil es noch nicht Inbegriff einer komplexen Gefühlserfahrung eines mit seinem Schicksal kämpfenden Lebens ist; es ist vielmehr nur ein subjektives Gefühlserleben, das aus der Erfahrung des Traums im Sinne des Wunschtraums erwächst (I,1). Zwar erwächst dem Prinzen aus seiner emotionalen Hochstimmung, ein ‚Glückskind' zu sein (I,6), eine unbändige Kampfkraft, die ihn tatsächlich zum Sieger in der Schlacht werden lässt, aber dieses nur auf sich selbst gerichtete Gefühl erfasst noch nicht die Fülle des Lebens, erfasst noch nicht jenes andere, das wir nicht sind, aber als unser Schicksal uns zustößt und das wir im Sinne des Kleist'schen Artikels in allen seinen Erscheinungsformen durch Gefühl und Intuition erfassen sollen. In IV,3 erscheint der Prinz zum einzigen Mal als die Dinge des Lebens mit nüchterner Überlegung Erfassender. Mit den Gedanken des Kleist'schen Paradoxes ließe sich sagen: Der erste Anlauf des Prinzen, sich durch die Unmittelbarkeit seines Glücksgefühls als Akteur seines Lebens zu beweisen, ist gescheitert, und jetzt gelingt es ihm, sich jenes Umstandes bewusst zu werden, der ihn hat scheitern lassen, dass er nämlich die allgegenwärtige Möglichkeit des Todes nicht auf der Rechnung gehabt hat. Und diese Reflexion, zusammen mit dem Angebot des Kurfürsten, in eigener Sache zu entscheiden, ‚reguliert' sein Gefühl von da an in eine andere Richtung. Wieder ist es eine „Stimmung" (V. 1357), also eine Emotion, aus der heraus der Prinz in IV,4 dem Kurfürsten die Antwort von der Rechtmäßigkeit des gegen ihn ergangenen Urteils geben will, später will er gar in einem hochemotionalen Auftritt (V,7) das „heilige Gesetz des Kriegs" durch einen freien Tod verherrlichen (V. 1750 f.). Er verknüpft sein persönliches Schicksal jetzt mit dem Schicksal seines Vaterlandes, will es zum Fanal werden lassen für die Fortsetzung des brandenburgischen Befreiungskampfes. Als der Kurfürst auf seine Bitte eingeht, spricht er den – angesichts der Erwartung seines baldigen Todes – paradoxen Satz: „Jetzt schenktest du das Leben mir" (V. 1794), und wenig später (V. 1830–1839) beschwört er in emphatischen Versen seine Unsterblichkeit, die er sich errungen zu haben glaubt, mit Bildern des verlöschenden Lebens, und unmittelbar danach ist er ganz Empfindung für den Duft der Blumen. Der Prinz ist auch hier wieder ein emphatisch Empfindender, aber seine Empfindungen sind jetzt Erspüren des Lebens selbst, eines Lebens, das sich mit seiner eigenen Vergänglichkeit ausgesöhnt hat, indem es sich dem übergeordneten Schicksal des Vaterlandes überantwortet hat.

Kleist gestaltet das Verhältnis von Emotion und Überlegung auch im Insubordinationsfall des Prinzen von Homburg und seiner Lösung im Drama. Der Schlacht von Fehrbellin, so wie das Stück sie schildert, lag ein detaillierter Schlachtplan zugrunde, der vom Kurfürsten selbst, in – so ist zu vermuten – ‚kaltblütiger und langwieriger' Überlegung ausgearbeitet wurde. Homburgs Vergehen besteht darin, in einem entscheidenden Moment der Schlacht diesen Plan missachtet zu haben, dadurch aber nicht etwa den Erfolg der Schlacht gefährdet, sondern ihn entscheidend mit herbeigeführt zu haben

(vgl. V. 810 ff.). Dass Homburg gleichwohl zum Tod verurteilt wird, begründet der Kurfürst mit der notwendigen gesetzlichen Ordnung, die sich in seinen, des obersten Gesetzgebers und Befehlshabers Anordnungen manifestiert. In des Kurfürsten Meinung entwickelt sich normgebundenes und rational planendes Handeln zu erfolgreichem Handeln als einem Gegenkonzept zu gefühlsgeleitetem spontanen Handeln. Aber nicht nur Homburgs Handeln steht in einem Widerspruch zu einem solchen Handlungskonzept. Kottwitz, der schon in II,2 dem Prinzen unbeordert in die Schlacht gefolgt war, ist nicht nur als ‚alter Haudegen' zugleich ein empfindungsfähiger Mensch (vgl. V. 384 ff.), sondern bezeichnet gerade jene Staatskunst als kurzsichtig, die die Empfindung nicht achte (V. 1583 ff.). Man dürfe das Heer nicht wie ein totes Werkzeug behandeln, d.h. es zum Exekutionsinstrument der im Schlachtplan formulierten Anordnungen machen, sondern nur die lebendigen Empfindungen der Soldaten für das Vaterland und dessen Herrscher – Empfindungen innerlich freier Menschen, die auf einem aus einem gemeinsamen Schicksal erwachsenen Lebensgefühl beruhten – garantierten den Erfolg. Aber erreicht diese Botschaft auch den Kurfürsten, den Souverän des Vaterlandes? Die Antwort bleibt bis ganz zuletzt offen. Zwar leiht er den Argumenten seiner Offiziere sein Ohr, was aber seine Auffassung nicht ins Wanken bringt, insofern die Macht seines rationalen Planungswillens fürs Erste unerschüttert bleibt und er sogar den Prinzen als seinen Sachwalter gegen die Einreden der Offiziere ins Feld führen will. Zwar versöhnt er sich in V,7 mit dem Prinzen, bezeichnet ihn gar als seinen Sohn, aber erst in V,9, als er die weiter bestehende kalte Ablehnung seiner Offiziere spürt, zerreißt er schließlich das Todesurteil und bestätigt damit letztlich seinerseits die Bedeutsamkeit der handlungsleitenden Empfindung.
Wie der Text „Von der Überlegung" ist auch das Drama Kleists ein verschlüsselter Appell an die nationalen Freiheitsgefühle, aus deren Kraft heraus der Kampf gegen den Fremdling (V. 1759 ff.) wieder aufgenommen werden soll, ein Kampf, in dem das pragmatisch überlegende Kalkül zurückstehen soll hinter dem gemeinsamen Lebensgefühl einer sich im Kampf zusammenfindenden Schicksalsgemeinschaft.

VII Kleist als vaterländischer Dichter

Text

Heinrich von Kleist, „Germania[s Aufruf] an ihre Kinder", 6. Fassung, in: *Sämtliche Werke und Briefe*, hrsg. von Helmut Sembdner, Bd. 1, München: Deutscher Taschenbuch Verlag, 1987, S. 716–719.

Aufgabenstellung

1. Analysieren Sie Kleists Text „Germania an ihre Kinder" von 1808 auf dem Hintergrund der Absicht des Dichters, sich als vaterländischer Schriftsteller im Kampf gegen die napoleonische Fremdherrschaft zu etablieren.
2. Erörtern Sie die Darstellung des ‚Vaterlandes im Kampf' in Kleists Drama *Prinz Friedrich von Homburg* (1810) mit Bezug zum Text von 1808.

Heinrich von Kleist, „Germania an ihre Kinder"

[6. Fassung]

§ 1

Die des Brockens Felsregionen,
Die des Elbstroms heitre Aun,
Die der Donau Strand bewohnen,
Die das Odertal bebaun,
Aus des Rheines Laubensitzen,
Von dem duftgen Mittelmeer,
Von der Riesenberge Spitzen,
Von der Ost- und Nordsee her –
CHOR
Horcht! Was für ein Ruf, ihr Brüder,
Hallt, dem Donner gleich, hernieder:
Stehst du auf, Germania?
Ist der Tag der Rache da?

§ 2

Deutsche, meiner Kinder Reigen,
Die, mit Schmerz und Lust geküßt,
In den Schoß mir kletternd steigen,
Die mein Mutterarm umschließt,
Meines Busens Schutz und Schirmer,
Unbesiegtes Marsenblut,
Enkel der Kohortenstürmer,
Römerüberwinderbrut!

CHOR
Zu den Waffen, zu den Waffen!
Was die Hände blindlings raffen!
Mit der Keule, mit dem Stab,
Schlacht, in dein Gefild hinab!

§ 3

Wie der Schnee aus Felsenrissen:
Brausend, wie auf Alpenhöhn,
Unter Frühlings heißen Küssen,
Plötzlich auf, die Gletscher gehn:
Katarakten stürzen nieder,
Es ersäuft der Wetterhahn,
Donnernd hallt der Himmel wider,
Fluren sind ein Ozean –:
CHOR
Also schmelzt, voran der Retter,
Rings herab im Freiheitswetter!
Schäumt, ein uferloses Meer,
Über diese Franken her!

§ 4

Hier der Kaufmann, der den Hügeln
Mit der Fracht entgegenzeucht,
Dort der Denker, der auf Flügeln
Durch das Land der Sterne streicht,
Schweißbedeckt das Volk der Schnitter,
das die Fluren niedermäht,
Und vom Felsen dort der Ritter,
Der, ihr Cherub, auf ihm steht!
CHOR
Wer in unheilbaren Wunden
Dieser Fremden Hohn empfunden,
Brüder, wer ein deutscher Mann,
Schließe diesem Kampf sich an.

§ 5

Alles, was ihr Fuß betreten,
Färbt mit ihren Knochen weiß,
Welchen Rab und Fuchs verschmähten,
Gebet ihn den Fischen preis.
Dämmt den Rhein mit ihren Leichen,
Laßt, gestäuft von ihrem Bein,

Ihn um Pfalz und Trier weichen,
Und ihn dann die Grenze sein!
CHOR
Eine Jagdlust, wie wenn Schützen
Auf der Spur dem Wolfe sitzen!
Schlagt ihn tot! Das Weltgericht
Fragt euch nach den Gründen nicht!

§ 6

Nicht die Flur ists, die zertreten
Unter ihren Rossen sinkt,
Nicht der Mondstrahl in den Städten,
Der aus Tür' und Fenstern blinkt,
Nicht das Weib, das mit Gewimmer
Ihrem Todeskuß erliegt,
Und zum Lohn, beim Morgenschimmer,
Auf den Schutt der Vorstadt fliegt:
CHOR
Das Geschehne sei vergessen;
Droben wird ein Richter messen,
Keinem nichtgen Erdengut
Flammt, an diesem Tag, das Blut!

§ 7

Rettung von dem Joch der Knechte,
Das, aus Eisenerz geprägt,
Eines Höllensohnes Rechte
Über unsern Nacken legt;
Schutz den Tempeln vor Verheerung,
Unsrer Fürsten heilgem Blut
Unterwerfung und Verehrung,
Gift und Dolch der Afterbrut!
CHOR
Frei auf deutschem Boden walten
Laßt uns, nach dem Brauch der Alten,
Seines Segens selbst uns freun
Oder unser Grab ihn sein!

Lösung

Zu 1

„Germania an ihre Kinder“ ist ein siebenstrophiger lyrischer Text; jede Strophe besteht aus 8 Versen mit alternierendem Endreim, auf die jeweils 4 weitere Verse (Paarreime) folgen, die mit „Chor“ überschrieben sind. Formal handelt es sich um eine Ode, die in antikisierender Weise den Wechselgesang der griechischen Tragödie zwischen einzelnem Sprecher und Chor nachgestaltet. Diesem formalen Rückgriff auf Gestaltungsmittel früher dramatischer Dichtung entspricht der dramatische und appellative Gestus des Textes. Kleist gestaltet aber die jeweilige Strophe nicht zum Wechselgesang, sondern der Sprecher (bzw. das lyrische Ich) beider Strophenteile ist jeweils identisch: In den Strophen 1 und 7 ist dies ein kollektiver Sprecher, gleichsam – mit Bezug suf den Titel – die Kinder Germanias, in den Strophen 2–6 ist das lyrische Ich beider Strophenteile die allegorische Figur der Germania, des Vaterlandes der Deutschen. Gemäß diesem Befund lässt sich der Text in drei Sinnabschnitte gliedern: 1) (Strophe 1) einleitende Selbst-Vorstellung des Chors der Deutschen, 2) (Strophe 2–6) der eigentliche – sich durch rhetorische Steigerung auszeichnende – Aufruf Germanias an ihre Kinder, 3) (Strophe 7) gleichsam der Bündnisschwur der Deutschen als Folge des Aufrufs.

- Im ersten Teil der ersten Strophe werden in einer anaphorischen Reihung von Teilsätzen die Bewohner aus allen Regionen des deutschen Vaterlandes aufgerufen. Der Chor-Teil der Strophe evoziert in einem Appell und drei anschließenden rhetorischen Fragen das Aufstehen der Germania, und schlägt in V,12 das Leitmotiv des ganzen Textes an, die Rache einer unterdrückten Nation.
- Ab der zweiten Strophe wechselt das lyrische Ich zur allegorischen Gestalt der Germania. In den Strophen 2–4 haben die beiden Strophenteile jeweils ähnliche rhetorische Funktionen; einer beschreibenden Vorderstrophe schließt sich jeweils in der Chor-Strophe ein Aufruf zum Kampf an. Im Vorderabschnitt der zweiten Strophe entwirft das lyrische Ich eine Allegorie für das Verhältnis der Deutschen zu ihrem Vaterland, dasjenige eines Reigens von Kindern mit ihrer beschützenden Mutter (V. 13–16) mit der Umkehr des Verhältnisses in V. 17–20, in denen die Deutschen als Beschützer der Germania erscheinen und als unbesiegbare Kämpfer der Geschichte angesprochen werden. Der folgende Appell ruft den hochemotionalen Charakter des bevorstehenden Kampfes („blindlings“ für blinde Wut, V. 22) vor Augen, in der alle Mittel notwendig und erlaubt sind. Strophe 3 imaginiert die Dynamik und Kraft des Kampfes in der Metapher des anschwellenden Schmelzwassers im Frühling, das in seiner „plötzlich“ (V. 28) einsetzenden Dynamik mit unwiderstehlicher Kraft zum „Ozean“ wird und alles mit sich reißt. Die Chor-Verse übersetzen dieses Bild in einen Appell zum Freiheitskampf. Strophe 4 nennt im Vorderabschnitt exemplarisch vier Berufsgruppen oder Stände, die alle zum Kampf aufgerufen sind. Neben dem Kaufmann, dem Bauern und dem Ritter erscheint auch der „Denker”, dessen Tätigkeitsbeschreibung eher an den Dichter als an den Philosophen denken lässt. Und der Chor erteilt den Kampfaufruf an „jeden deutschen Mann.“ Strophe 5 stellt die – schwer erträgliche – Klimax des Kampfaufrufes

dar. Schon die Vorderstrophe ist ein Aufruf zur entfesselten Mordlust an einem Feind, der nur noch in einem grausamen Bild als Unmenge erschlagener Körper erfasst wird, die dazu dienen sollen, die Wasser des Rheins, auf langer Strecke Grenze zu Frankreich, aufzustauen und durch die dadurch bewirkte Änderung seines Verlaufs die linksrheinischen Gebiete vor dem Zugriff des Feindes zu schützen. Der gänzlich entmenschte Feind erscheint im Chor-Abschnitt als ‚Raubtier', das die ‚Jagdlust' des ‚Schützen' provoziert; ergänzt um den beispiellosen Aufruf „Schlagt ihn tot! Das Weltgericht / Fragt euch nach den Gründen nicht." Hier geht der Aufruf zum Freiheitskampf über in den Versuch der Entfachung einer Pogromstimmung. Die 6. Strophe verlässt den Duktus des rückhaltlosen Kampfaufrufs, so als habe das lyrische Ich (oder auch der Dichter) innegehalten vor der Ungeheuerlichkeit seines emotionalen Ausbruchs. Die Vorder-Strophe beschreibt die sichtbaren Spuren der Zerstörung des vom Feinde beherrschten Vaterlandes, die zertretenen Felder, die zerstörten Häuser, die vergewaltigten und ermordeten und dann wie Müll entsorgten Frauen. Diese schrecklichen Folgen der Fremdherrschaft werden aber nur in unter einer Verneinung stehenden Teilsätzen vor Augen geführt, um dann im Chor-Teil als ‚nichtiges Erdengut' (V. 72) charakterisiert zu werden, um das es in diesem Kampf nicht gehe. Das lyrische Ich fordert gar das Vergessen solcher Ereignisse und vertraut die Geschichte einem jenseitigen Richter an. Der Sinn dieser Strophe, der in einem rhetorischen Widerspruch zu Strophe 5 steht, erschließt sich nur in ihrem Charakter als gedankliche Überleitung zur letzten Strophe, in der wiederum das Volk als Sprecher auftritt. Dort wird ausschließlich die Freiheit als ideelles Ziel des Kampfes genannt, die Beseitigung des „Joch[s] der Knechtschaft"; statt dem „Höllenhund" (Napoleon) soll die Unterwerfung und Verehrung wieder den eigenen Fürsten gelten. Und der Chorteil beschwört die kollektive Bereitschaft, entweder „frei auf deutschem Boden" walten zu können, wie die Alten es getan, oder aber zu sterben für das alles überragende Ziel der nationalen Freiheit.

- Kleists Ode „Germania an ihre Kinder" ist ganz offensichtlich ein literarischer Beitrag zur ‚Tagespolitik', ein Aufruf an die Deutschen des Jahres 1808 zum nationalen Widerstandskampf gegen das damals übermächtige Frankreich Napoleons, das nach mehreren militärischen Siegen die politischen Verhältnisse der deutschen Teilstaaten weitgehend diktierte. Unter dem Druck der napoleonischen Fremdherrschaft begann sich in jenen Jahren in weiteren Schichten der Gesellschaft ein deutsches Nationalgefühl zu regen, dem auch Kleists Text beredten Ausdruck verleiht, schon allein dadurch, dass gleich zu Beginn die Bewohner aller deutscher Regionen aufgerufen werden, die ja noch in ganz unterschiedlichen politischen Gemeinwesen lebten. Es fällt auf, dass nicht die deutschen Fürsten als die Souveräne der deutschen Staaten zum nationalen Kampf aufgerufen werden – nur beiläufig und unbestimmt ist von einem „Retter" (V. 33) die Rede, der den Kampf anführen soll –, sondern aufgerufen sind alle kampffähigen Männer aus allen Schichten und Ständen der Bevölkerung, so dass der Kampf den Charakter des Volkskrieges annimmt. Die Rücksichts- und Gnadenlosigkeit, auch die Regel- und Zügellosigkeit, mit der der Kampf imaginiert wird (V. 23 ff.), sein unaufhaltsamer, gleichsam naturwüchsiger Charakter ist nicht nur Ausdrucksmittel einer verbal gewalttätigen Kriegspropaganda, sondern beschreibt auch den *furor teutonicus*, jene zivilisatorisch noch kaum gebändigte, den Deutschen zugeschriebene kriegerische Gewalt, deren Ursprünge bei den Germanen der Römerzeit lokalisiert werden. Die Freiheit des Volkes von Fremdherrschaft erscheint als einziger und einigender Zielpunkt eines Existenzkampfes. Der Kampf um nationale Freiheit im Sinne Kleists ist aber (noch) nicht mit der gleichzeitigen Erkämpfung bürgerlicher Freiheiten verbunden. Die errungene Freiheit soll sich „nach dem Brauch der Alten" vollziehen, der „Fürsten heilgem Blut" wird „Unterwerfung und Verehrung" versprochen, während Napoleon als ‚Höllensohn' dämonisiert wird (V. 75). Dies klingt wie eine Verklärung des angestammten Fürstenstaates, während Napoleon, der ja immerhin in den von Frankreich zwischenzeitlich annektierten deutschen Territorien den *Code civil*, eine auf Rechtsgleichheit beruhende allgemeine bürgerliche Rechtsordnung, eingeführt hat, als Inbegriff des Bösen erscheint. So kennzeichnet diese Propagandaschrift eine ganz eigenartige Mischung aus nationalem Freiheitspathos und romantisch-konservativer Utopie einer vormodernen Ständegesellschaft.

Zu 2

Kleists Drama *Prinz Friedrich von Homburg*, zwei Jahre nach der Ode entstanden, lässt in seinem historischen Sujet Parallelen zur politischen Situation seines Entstehungsjahres 1810 – vier Jahre nach der Niederlage von 1806 – anklingen: Brandenburg wird auch im Jahre 1675, diesmal von den Schweden, militärisch angegriffen; nach der Schlacht von Fehrbellin scheint der Kurfürst einen Frieden mit den Schweden zu erwägen, entscheidet sich dann jedoch in V,7, vom Prinzen dazu aufgerufen, für die Fortsetzung der militärischen Operationen mit dem Ziel der vollständigen Befreiung des Landes. Insoweit könnte das Stück als ein verschlüsselter Appell für den preußisch-deutschen Befreiungskampf angesehen werden. Im Gegensatz zur Ode ist das Drama aber viel mehr als politische Agitation, dies vor allem durch die vielschichtige Titelfigur. Die vaterländische Appellfunktion des Dramas wird im Verhältnis zur Ode von 1808 eher verdeckt. So kommt das Volk als Träger des Befreiungskampfes im Drama gar nicht vor. Alle handlungstragenden Figuren des Dramas stammen aus der gesellschaftlichen Führungsschicht des Adels. Deutschland als nationale oder sogar politische Einheit ist im Stück gar nicht thematisch, das Wort Vaterland bezeichnet Territorium und Bewohner der Mark Brandenburg, eines von der Dynastie der Hohenzollern

beherrschten Teilstaates des Deutschen Reiches. Beim näheren Hinsehen gibt es aber auch Berührungspunkte zur Ode von 1808. Da ist zum einen der Vernichtungswille, mit dem der Krieg geführt wird (vgl. Teichoskopie-Szene II,2), da ist das unbändige Freiheitsstreben gegen die Fremdherrschaft, das aus den Worten des Prinzen (V. 1758–62), aber auch des Obristen Kottwitz spricht (V. 1588 ff.), da ist auch die rücksichtslose und von hoher Emphase geprägte Ausweitung des Krieges, die nicht nur im ‚Auftrag' Homburgs (V. 1798 f.), sondern auch im martialischen Schlussvers des Stücks mitschwingt, dies alles Elemente des Krieges, die eher in einen nationalen Freiheitskampf, wie ihn die Ode beschwört, passen als in einen Kabinettskrieg des 17. Jahrhunderts. Und da ist der Begriff des Vaterlandes selbst, der vom Kurfürsten in V. 1118 als „Heiligtum" eingeführt wird, ein Begriff, der ebenfalls eher in den nationalen Kontext des 19. Jahrhunderts als in die Hohenzollern'sche Hausmachtpolitik des 17. Jahrhunderts passt.
Das Stück thematisiert am Insubordinationsfall Homburg die interne Struktur dieses Vaterlandes, das Verhältnis der Herrschaft des Gesetzes zu den emotionalen Beziehungen der Personen untereinander und zum Vaterland. Die konservative Utopie einer Volksgemeinschaft, die sich in der freien Verehrung und Unterwerfung unter seine angestammten Fürsten konstituiert, die die Ode nur plakativ skizziert, wird im Stück an einem historischen Exempel entfaltet. Da ist der Kurfürst als lebendes Symbol des Vaterlandes (vgl. V. 641–643), dem alle Befehls- und Normsetzungsgewalt zukommt und der am Ende des Stücks den Prinzen erst zu amnestieren bereit ist, nachdem er vor dem Kreis der gegen dieses Todesurteil argumentierenden Offiziere durch Homburgs Entschluss, das ‚heilige Gesetz des Krieges' durch seinen Tod zu verherrlichen, sich in seiner Selbsteinschätzung der Rechtmäßigkeit seines Urteils bestätigt sehen kann. Trotz seiner Machtfülle ist es ihm wichtig, diese nicht als Willkürherrscher, sondern im Namen des Rechts zu gebrauchen, weshalb er den Prinzen als Richter in eigener Sache beruft. Da sind aber auch die Untertanen in Gestalt der adligen Militärelite des Staates, die imstande sind, die Machtfülle des Souveräns zu akzeptieren und sich deshalb doch nicht ihrer subjektiven Freiheit beraubt zu fühlen, und die, wie das Verhalten der Offiziere im fünften Akt zeigt, nicht als subalterne Befehlsempfänger erscheinen, sondern dem Fürsten offen mit ihren eigenen abweichenden Meinungen gegenübertreten, die aber niemals zur Rebellion fähig wären (vgl. V. 1432–38), weil sie wie selbstverständlich Ruhm und Wachstum der Macht des Fürsten mit Ruhm und Wachstum des Vaterlandes verbinden. Das Stück liefert das Porträt eines aus gemeinsamem Freiheitskampf geborenen, romantisch überhöhten, aber absolutistisch verfassten Ständestaates, dessen Ordnung sowohl auf dem unumschränkten Gesetz des Souveräns wie dem durch wechselseitige Emotionen organisch gefügten Gemeinwesen beruht. Dies ist angesichts der Verhältnisse zu Beginn des 19. Jahrhunderts eine Utopie, wenn auch eine konservative.

VIII Hebbels Tragödien-These

Text
Friedrich Hebbel, „Der Prinz von Homburg oder die Schlacht bei Fehrbellin", in: *Hebbels Werke in 10 Teilen*, hrsg. von Theodor Poppe, 8. Tl.: *Ästhetische und kritische Schriften*, Berlin/Leipzig/Wien/Stuttgart o. J., S. 161 f. (gekürzt).

Aufgabenstellung

1. Analysieren Sie die Argumentationsstruktur des Textes, eines Artikels des Dramatikers Friedrich Hebbel (1813–1863) von 1850.
2. Erörtern und kritisieren Sie die Kernthesen des Autors aus Ihrer Kenntnis von Kleists Drama *Prinz Friedrich von Homburg*.

Friedrich Hebbel, „Der Prinz von Homburg oder die Schlacht bei Fehrbellin"

Der Prinz von Homburg [Hervorhebung K.-H. H.] gehört zu den eigentümlichsten Schöpfungen des deutschen Geistes, und zwar deshalb, weil in ihm durch die bloßen Schauer des Todes, durch seinen hereindunkelnden Schatten, erreicht worden ist, was in allen übrigen Tragödien (das Werk ist eine solche) nur durch den Tod selbst erreicht wird: die sittliche Läuterung und Verklärung des Helden. Auf dies Resultat ist das ganze Drama angelegt, und was Tieck an einem bekannten Ort als den Kern hervorhebt, die Veranschaulichung dessen, was Subordination sei, ist eben nur Mittel zum Zweck. Wenn Tieck noch weiter bemerkt, das Nachtwandeln, womit das Stück beginnt, und die an dies Nachtwandeln geknüpfte Form der endlichen Lösung, verleihe demselben zu seinen übrigen Vorzügen noch den Reiz eines lieblichen und anmutigen Märchens, so kann ich auch damit nicht übereinstimmen. Im Gegenteil, dieser Zug ist als störend zu tadeln, und wenn er, wie im *Käthchen von Heilbronn* [Hervorhebung K.-H. H.], tief in den Organismus des Werks verflochten wäre, so würde er ihm den Anspruch auf Klassizität rauben. Denn für den Unfug, den der Mond treibt, muß der Mensch nicht büßen sollen, sonst wäre es am Ende auch tragisch, wenn einer im Traumzustand die Spitze des Daches erkletterte und, dort von der Geliebten erblickt und im ersten Schreck der Überraschung beim Namen gerufen, zerschmettert zu ihren Füßen stürzte. Aber man kann die ganze Nachtwandelei zum Glück Beseitigen und das Werk bleibt, was es ist, es steht unerschütterlich auf festen psychologischen Füßen, und die Wucherpflanzen der Romantik haben sich nur als überflüssige Arabesken herumgeschlungen. Das ist freilich nicht so zu verstehen, als ob man die Hälfte vom ersten und vom letzten Akt wegstreichen könnte. Kleist würde nicht sein, was er ist, ein wahrer Dichter, den man, wie jedes ursprüngliche Gottesgewächs, ganz hinnehmen oder ganz wegwerfen muß, wenn man eine so barbarische Prozedur möglich wäre. Nein, man wird dem Prinzen Sein Kranzwinden und den Handschuh, den er infolgedessen erhascht, schon lassen müssen. Allein, es ist Nichts davon abhängig gemacht, das Gebäude hat neben dieser künstlichen noch ganz andere und vollkommen solide Stützen, und wer sich nicht aus Kleinmeisterei dabei aufhalten will, der hat es nicht nötig. Ein Jüngling, der das Unglück hatte, zu früh Glück zu haben, und der liebt, wo er vielleicht, er hat darüber noch keine Gewißheit, nicht lieben soll: mehr brauchen wir nicht, um uns in der ersten Katastrophe den Übermut, in der zweiten den Kleinmut zu erklären, und der ist da. Kleist hat einen Schraubenzug in Bewegung gesetzt, wo der einfachste Hebel genügte, aber der Schraubenzug ist mit dem Hebel in Verbindung gebracht, und der Zweck wird vollkommen erreicht, wenn auch nicht durch das nächste und darum beste Mittel. [...]

Lösung

Zu 1

Der Autor versucht im vorliegenden Text durch dramaturgische Betrachtungen, den „Anspruch auf Klassizität" für Kleists Drama, was für ihn gleichbedeutend ist mit dem Tragödien-Charakter des Stücks, aufzuweisen. Das Drama Kleists sei – so lautet Hebbels These – angelegt auf die „sittliche Läuterung und Verklärung" des Helden (Z. 5), worin er offenbar den Zweck der Tragödie sieht, gehöre aber deshalb „zu den eigentümlichsten Schöpfungen des deutschen Geistes" (Z. 1), weil diese Wirkung nicht durch den Tod (des Helden), sondern durch den „bloßen Schauer des Todes" (Z. 2 f.), dessen „hereindunkelnden Schatten", erfolge, also, so ließe sich erläutern, durch die bloße Todes-Nähe und der daraus resultierenden Todesangst des Helden .
Der Autor versucht seine These zur Dramaturgie des Stücks dadurch argumentativ zu stützen, dass er zwei gegenläufige Bemerkungen des romantischen Dichters Tieck über die dramaturgische Qualität des Kleist'schen Dramas als nicht sachgemäß aufzuweisen versucht. Auf die erste Behauptung Tiecks geht Hebbel nur kurz ein (Z. 6–8); für ihn gehört, anders als für Tieck, die Veranschaulichung „dessen, was Subordination ist", nicht zur zentralen Gestaltungsabsicht des Dramas, sondern er sieht darin – wirkungsästhetisch gesprochen – nur ein Mittel, um den eigentlichen zentralen Konflikt des Dramas zu erzeugen. Auf die zweite These Tiecks, Kleists Drama habe „zu seinen übrigen Vorzügen noch den Reiz eines lieblichen und anmutigen Märchens" (Z. 10 f.), geht Hebbel ausführlich ein. Er versucht diese Auffassung durch Überlegungen zu bestimmten Aspekten der Dramaturgie des Stücks zu widerlegen, wobei diese Reflexionen zugleich Erläuterung, Erweiterung und Vertiefung seiner eigenen These darstellen.
Tieck habe, so Hebbel, seine Charakterisierung das Dramas am Phänomen des Nachtwandelns, der Präsentation des Helden als Schlafwandler und Träumer in Szene I,1, die ja in den Motiven ‚Nacht' und ‚Traum' ‚romantische' Poesie beschwört, aber auch der Tatsache, dass der Schluss des Stücks die Atmosphäre des Anfangs wiederaufgreift, festgemacht. Tieck hätte nur dann recht, so Hebbel, wenn diese Handlungselemente „tief mit dem Organismus

des Werks verflochten" seien. Tragische Charaktere setzten nämlich moralische Verantwortlichkeit für ihr Tun voraus, was bei einem Nachtwandelnden, dessen Verhalten damals mit dem Einfluss des Mondes erklärt wurde, nicht angenommen werden könne, aber, so Hebbel, in Kleists Drama seien diese romantischen Elemente nur „Wucherpflanzen" und „überflüssige Arabesken" (Z. 20f.). Das Drama habe auch ohne diese Elemente „vollkommen solide Stützen" (Z. 29f.) und stehe „unerschütterlich auf festen psychologischen Füßen" (Z. 20f.). Was Hebbel hier mit Psychologie meint, wird deutlich, wenn wir die nach seiner Meinung soliden Stützen der (tragischen) Dramenhandlung betrachten. Nach Hebbel erscheint der Prinz als Jüngling, dessen frühes Glück sein Unglück zu werden drohe und der dort liebe, wo er noch nicht sicher sein kann, auch lieben zu dürfen; diese hierin sich abzeichnenden Konflikte reichten völlig aus, um die beiden Katastrophen, den Übermut und den Kleinmut des Prinzen, erklärbar zu machen. ‚Psychologisch auf festen Füßen' meint also zuerst, dass die Handlungsbedingungen des Protagonisten in einem psychologisch nachvollziehbaren Zusammenhang stehen mit den für den Protagonisten zur Katastrophe führenden Konsequenzen seines Handelns. (Die Erfahrung, ein Glückskind zu sein, führt den Prinzen zum Übermut in der Schlacht, was zu seiner Verurteilung wegen Insubordination führt und ihn dadurch in die Nähe des Todes geraten lässt usw.) In diesen Handlungselementen, die Hebbel nur stichwortartig andeutet, wird indirekt noch eine zweite Ebene von ‚Psychologie' sichtbar. Der Held der Tragödie soll, was hier nach Hebbel der Fall ist, einen klar umrissenen Charakter haben, der ihn handlungsfähig und zugleich verantwortlich für sein Handeln macht, d. h. es muss ersichtlich werden, warum er so handelt, wie er handelt, was bei einem träumenden oder schlafwandelnden Menschen nicht der Fall sein kann. Hebbel plädiert nun aber nicht dafür, diejenigen Passagen des ersten und fünften Akts, in denen der Prinz als ein nicht handlungsfähiger Charakter erscheint, einfach zu streichen. Eine solche Prozedur wäre, so meint er, barbarisch (Z. 26) angesichts des Umstandes, dass Kleist „ein wahrer Dichter" (Z. 24) sei, den man „ganz hinnehmen oder ganz wegwerfen" müsse (Z. 25.). Hebbels Thesen zum *Homburg*-Drama geraten aber so in einen gewissen Widerspruch. Einerseits verbietet die ästhetische Vollkommenheit des Kleist'schen Dramas dessen radikale Beschneidung, andererseits schleicht sich aber doch eine deutlich spürbare Kritik in Hebbels Darlegungen ein, so, wenn er die Auffassung äußert, jene ‚romantischen' Elemente des Dramas seien eine dramaturgisch nicht notwendige Stütze neben dem eigentlich selbsttragenden tragischen Handlungskonflikt, und wenn er dies durch ein mechanisches Bild erläutert: Kleist habe einen Schraubenzug in Bewegung gesetzt, dort wo ein einfacher Hebel genügt hätte; zwar stehe der Schraubenzug mit dem Hebel in Verbindung, aber dieser sei nun einmal nicht das nächste und dadurch beste Mittel (vgl. Z. 36f.).

Zu 2

Hebbels Versuch, Kleists Drama *Prinz Friedrich von Homburg* als eine Tragödie darzustellen und ihm dadurch den Rang eines ‚klassischen Dramas' zuzubilligen, ist teilweise unklar und insgesamt wenig überzeugend. Seine Kernthese, das Stück habe die dramaturgische Struktur einer Tragödie, die der Autor um einige Arabesken ergänzt habe, die man wegen ihrer dichterischen Qualität nicht einfach streichen könne, die aber für den – tragödienhaften – Charakter des Stücks überflüssig seien, erscheint schon allein deshalb problematisch, weil sie nahelegt, man könne bei einem Drama als einem Kunstwerk ohne Weiteres ästhetische Gestaltungsmittel und Handlungsstruktur auseinanderhalten, um dessen Bedeutung zu erschließen.

- Betrachten wir die nach Hebbel ‚soliden Stützen' der Tragödie genauer, die er in dem Konflikt eines Jünglings sieht, der das Unglück hatte, zu früh Glück zu haben, und der dort liebt, wo er noch nicht weiß, ob er soll. Daraus sollen zwei Katastrophen erwachsen, die psychologisch erklärbar sind. Wenn die „sittliche Läuterung" des Helden – nicht etwa die des Zuschauers, wie die klassische Tragödientheorie des Aristoteles fordert – den Zweck der Tragödie ausmachen soll, dann müsste das tragische Element darin liegen, dass die Handlungsmaximen des Helden in einen unauflöslichen Widerspruch geraten zu den sittlichen Normen der Gemeinschaft, was dann – wenn auch nicht bei Kleist – zum Tod des Helden führen müsste. Lässt man die Wirkungsgleichheit von ‚Tod' und ‚Todesnähe' einmal, wie Hebbel dies behauptet, als Variation der Tragödie zu, dann bleibt immer noch der Umstand, dass es in Kleists Drama nur in eingeschränkter Weise um sittliche Normen geht; im strengen Sinne geht es – und deshalb ist das Thema der Subordination auch mehr als ein dramaturgisches Mittel – um einen rechtlichen Konflikt, etwa der Art: Gelten in der Entscheidung der Schlacht die Befehle des Souveräns absolut oder kann der Truppenführer auch eigenmächtig handeln, wenn er es für nötig erachtet, so wie Kottwitz in seiner Verteidigung des Prinzen (V. 1570–1608) den Regeln des Befehlshabers die ‚Regel' eines effizienten Handelns in der Schlacht gegenüberstellt? Aber ein solch abweichendes Regelverständnis liegt ja im Falle des Prinzen nur bedingt vor, er handelt eigentlich nur aus subjektiven Motiven, nämlich um seinen ihm vom Schicksal verheißenen Anteil am Ruhm nicht zu verpassen? Aber in welchem Sinne soll dieser ‚Übermut' des Prinzen, wie Hebbel es nennt, Anknüpfungspunkt eines tragischen Konflikts sein? Hebbel deutet noch eine zweite Ebene eines tragischen Konflikts an, dass nämlich Homburg mit seinem Werben um Natalie durch seine Liebe gewisse Normen verletzt haben könnte, jedenfalls erschüttert die Vermutung, seine Verbindung zu Natalie könne in unzulässiger Weise den Handlungsspielraum seines Souveräns begrenzen, in Szene III,1 die Sicherheit des Prinzen, bald begnadigt zu werden, und führt dann unmittelbar zu jener Todesfurcht-Szene III,5, in der er in heilloser Angst bei der

Kurfürstin erscheint und sogar auf die Liebe zu Natalie verzichten will, um sein nacktes Leben zu retten. Von jener Katastrophe soll nun die sittliche Läuterung ausgehen im Rahmen eines eher konstruierten Konflikts, der doch eigentlich durch den Verzicht auf Natalie, wenn auch auf unrühmliche Weise, schon aufgelöst ist? Natürlich erscheint der Prinz in IV,4 geläutert und vermag erstmals ein Gefühl für seine Normverfehlung zu entwickeln, und in V,7 kommt es gar zu einer (Selbst-)Verklärung des Prinzen, aber dies lässt sich nicht bruchlos durch die Dramaturgie der Tragödie erfassen. Tiecks Beobachtungen an Kleists Drama verdienen es vielleicht, bei der Charakterisierung der Dramaturgie des Stücks ernster genommen zu werden, als Hebbel dies tut.

- Die Traumsequenz der Szene I,1, die im Arrangement der letzten Szene wiederkehrt, ist alles andere als Arabeske. Wenn Hebbel so viel Wert auf Psychologie legt, auf die Erklärbarkeit der Handlung und ihrer Katastrophe aus dem Charakter des Helden, dann erscheint die Eingangsszene ganz unverzichtbar. Das von heftigen Gefühlen und Glückserwartungen geprägte Unterbewusstsein des träumenden Prinzen, das wir in I,1 kennenlernen, und dessen Widerschein im wachen Erleben des Prinzen (Auffinden von Natalies Handschuh in I,5) machen erst das überwältigende Gefühl des Prinzen, ein Glückskind zu sein (I,6), verständlich und seinen Übermut in der Schlacht erklärbar. Die ‚Tragödie' des glücklich-unglücklichen Jünglings entwickelt sich nicht unabhängig von seinem Charakter, Träumer und Schlafwandler zu sein, sondern von dieser Seite seines Charakters her. Sein Läuterungsprozess ist zuerst einmal – und hierin ist die Szene III,5 von entscheidender Bedeutung – ein Bewusstwerdungsprozess, entstanden aus der Konfrontation des die Welt nur als Projektion seiner Wünsche auffassenden ‚Glückskindes' mit der durch äußere Normen gesetzten brutalen Realität des Todes. Erst aus dem Akzeptieren der Nichtigkeit des eigenen Ichs kann ihm die Fähigkeit erwachsen, sich äußeren Normen zu unterwerfen und seinen eigenen Tod zu einem Fanal für die Fortsetzung des Kampfs gegen den Feind zu verklären.
- Vollends problematisch wird die Charakterisierung des Stücks als ‚klassische Tragödie', wenn man die Darstellung der Insubordinations-Problematik im Stück erfasst, die keineswegs bloßes Mittel zum Zweck ist, sondern zusammen mit dem Entwicklungsprozess des Protagonisten zum Kern des Dramas gehört, der den vierten und fünften Akt geradezu dominiert. Hier steht nämlich die normative Ordnung, das Gesetz, nachdem Homburgs Leben verwirkt ist, durchaus selbst in Frage, so in den Äußerungen Natalies (V. 1118) und später des Obristen Kottwitz (V. 1570 ff.). Neben dem Buchstaben des Gesetzes treten hier auch die emotionalen Bindungen von Herrscher und Untertanen sowie die freiwillige Unterwerfung des Einzelnen unter das Gesetz des Herrschers als Voraussetzung eines zukunftsfähigen Gemeinwesens in den Blickpunkt. Das Stück erweist hier

ganz klar seinen Charakter als Schauspiel; es entwirft anhand des ‚Falls' Homburg und der Entwicklung des Prinzen zu einem verantwortungsfähigen militärischen Führer zugleich die Utopie einer sozialen Gemeinschaft im Kriege, in der nicht der Buchstabe des Gesetzes allein das normative Gerüst der Gemeinschaft darstellt, sondern in der vielmehr das Gesetz eingebunden ist in das empathische Miteinander einer Schicksalsgemeinschaft, des Vaterlandes, das sich so als überlebensfähig gegenüber „allen" Feinden (V. 1858) erweisen kann. Dieser utopische Charakter der Darstellung des Vaterlandes schwingt in der Replik „Ein Traum – was sonst" (V. 1856) mit.